Jochen Müssig

Unterfranken

MIT WÜRZBURG UND DEN WEINDÖRFERN AM MAIN

50 MIKROABENTEUER

ZUM ENTDECKEN UND GENIESSEN

360° medien

IMPRESSUM

Unterfranken – mit Würzburg und den Weindörfern am Main
50 MIKROABENTEUER ZUM ENTDECKEN UND GENIESSEN
Jochen Müssig

Nachtigallenweg 1 I 40822 Mettmann
360grad-medien.de

Redaktion und Lektorat: Christine Walter

Satz und Layout: Marc Alberti

Gedruckt und gebunden:
Himmer GmbH Druckerei & Verlag I Steinerne Furt 95 I 86167 Augsburg
www.himmer.de

Bildnachweis: siehe Seite 288

ISBN: 978-3-96855-320-7
Hergestellt in Deutschland

360grad-medien.de

Vorwort

„Bratwürste, Bier und Wein. Tiepolo, Weltkultur und Mainschleife", sagte ein guter Freund bei einem Schoppen, als ich ihm von diesem Reiseführer erzählte. „Das haben wir alles! Wem es bei uns langweilig wird ..." – Pause – „der ist doch selber Schuld!" Das sollte auch heißen: Der Reiseführer schreibt sich doch eigentlich wie von selbst, so viel Schönes bietet unser Unterfranken.

Nun, ganz so einfach ist es dann doch nicht. Aber die Recherche zu diesem Buch war eine wunderschöne Reise in meine alte Heimat und in meine Vergangenheit. Ich bin in Würzburg geboren, besuchte im Steigerwald die Schule und war in den Sommerferien immer bei meiner Oma in Heidenfeld bei Schweinfurt oder bei meiner Tante in Bad Kissingen. Das Abitur habe ich zwar in Nürnberg (Mittelfranken) gemacht, aber dennoch sage ich immer: „Ich komme aus Unterfranken". Dahemm is dahemm, daheim ist halt daheim!

In vielen Orten flackerten Erinnerungen an vergangene Zeiten auf, einige andere überraschten mich, aber manchmal dachte ich auch: Da hat sich doch gar nicht viel verändert! Gut, in Dettelbach gab es damals noch kein Silvaner-Eis im Eiscafé in der Falterstraße. Und der wunderbare Brückenschoppen auf der Würzburger Alten Mainbrücke war noch nicht geboren. Aber die Weinfeste, die sind heute noch so, wie sie früher auch waren. Denn Weinfeste sind wie die Franken selbst: direkt und herzlich – auch wenn es manchmal ein wenig länger dauert, bis der Fremde akzeptiert wird und noch viel länger, bis man einen Franken zum Freund hat.

„Gott sei Dank, ich bin a Frank'!" – Ja, wir Franken sind stolz auf unsere Heimat. Und wenn der Franke mit rollendem R erst einmal ins Reden kommt, der Paul zum Baul und die Tür zur Dür werden, dann ist der Franke weder wortkarg noch unzugänglich, was man ihm ja nachsagt. Dann wird's eher richtig lustig! Kommt eine Frau ins Geschäft: „Hob'der an Dilldo?" – „Naa suwos hamma ned", sagt die Verkäuferin. Darauf die Frau enttäuscht: „Schod, i wöllad heut an Gurggnsalood machen und däd an Dill dazu braugn ..."

Jochen Müssig

Weinberg bei Volkach

Inhaltsverzeichnis

Hammelburg, Saaleck

Hinweise: Während der Recherche zu diesem Buch änderten Lokale und Besucherattraktionen aufgrund der Corona-Pandemie immer wieder ihre Arbeitsweise. Darum wurde bei den Service-Informationen auf die Angabe von Öffnungszeiten, Preisen etc. verzichtet. Allen Reisenden sei empfohlen, sich aktuell vor Ort bzw. auf den aufgeführten Internetseiten zu informieren.

Aus Gründen der besseren Lesbarkeit wird auf eine geschlechtsneutrale Differenzierung verzichtet. Entsprechende Begriffe gelten im Sinne der Gleichbehandlung grundsätzlich für alle Geschlechter. Die verkürzte Sprachform beinhaltet keine Wertung.

Willkommen in Unterfranken

Frang'n is' hald doll

Franken ist eben toll, lautet die Übersetzung der Überschrift ins Hochdeutsche. Man hält sich an die Weisheit: „Wo Wein wächst, da kann man auch leben". Sehr gut sogar, denn zum Schoppen kommt die herzhafte fränkische Küche zu bezahlbaren Preisen, herzliche Gastlichkeit und fränkische Gelassenheit. Willkommen in Weinfranken!

„Romantic but real!", „ ist in einer Broschüre für englischsprachige Touristen in großen Lettern zu lesen. Romantisch, aber echt! Kein schlechter Slogan, denn so manches Weinörtchen könnte auch als Museumsdorf durchgehen. Da der Main Unterfranken durchfließt, wird die Region besonders von den Einheimischen als Mainfranken oder noch lieber als Weinfranken bezeichnet. Ein kleiner Überblick zu Main-, Wein-, Unterfranken:

Was Unterfranken ausmacht

Etwas eigensinnig, vielleicht ein wenig stur, mitunter zu bescheiden, etwas wortkarg, scheu und ein bisschen provinziell: Das alles wird den Unterfranken nachgesagt. Mag sein. Aber sie sind auch zuverlässig, gastfreundlich, haben das Herz auf dem rechten Fleck, sind weltoffen und heimatverbunden zugleich. Ein Franke macht nicht viel Aufhebens um die Dinge. „Und typisch Franken ist schon auch unsere Vielfalt", sagt der fränkische Ministerpräsident von Bayern, Markus Söder.

Am deutlichsten hebt sich Unterfranken durch den Weinanbau von den anderen Regionen ab. Der Wein bestimmt vielerorts nicht nur den Tages-, sondern auch den Jahreszeitenrhythmus und ein Schoppen gehört (fast) überall dazu. Das Ländliche ist prägend, Würzburg die einzige Großstadt und ganz Unterfranken hat zusammen weniger Einwohner als München. Natürlich gibt es italienische oder thailändische Restaurants, aber das gutbürgerliche Wirtshaus in der Ortsmitte tischt in der Regel fränkische Küche auf: in guter Qualität, mit reichlichen Portionen, zu einem angemessenen Preis. Überkandideltes hat in Unterfranken kaum Chancen.

In der Häckerwirtschaft

Historie: Wie die Franken Bayern wurden

Stück für Stück wurde Unterfranken, wie ganz Franken, in das damalige Königreich Bayern eingegliedert. Bayern stellte sich 1805 auf die Seite Napoleons, der Preußen mit seinen Truppen verheerende Niederlagen beibrachte, was zum Zusammenbruch Preußens im Krieg gegen Napoleon führte und das Ende der fränkischen Herrschaftsgebiete besiegelte, da Franken an Preußens Seite stand. So wurden Würzburg und Schweinfurt sofort bayerisch, das Untermainland mit Aschaffenburg und Amorbach erst knapp zehn Jahre später. König Ludwig I. gelang es, Bayern und Franken zwar etwas näher zusammenzubringen, indem er auf die Erhaltung regionaler Traditionen und Eigenarten setzte. Trotzdem kämpften und kämpfen die Franken seitdem und immer noch für mehr Unabhängigkeit und ein stärkeres politisches Gewicht im heutigen Freistaat Bayern. Die Bestrebungen, ein neues Bundesland Franken zu gründen, haben allerdings schon länger an Fahrt verloren.

Politik: Schwarz ist Trumpf

Unterfranken wählt schwarz. Bei der letzten Bundestagswahl kam die CSU im Durchschnitt auf 40, die SPD auf knapp 20 und die Grünen auf gut zehn Prozent, mit Ausnahme von Würzburg, wo man mit fast 20 Prozent zweitstärkste Kraft vor der SPD wurde. Linke und AfD spielen kaum eine Rolle, die FDP pegelt sich auf

Bundesniveau ein. Bei Kommunalwahlen zeigt sich aber immer wieder, dass in kleineren Städten und Gemeinden vielfach die Freien Wähler den Ersten Bürgermeister stellen.

Wirtschaft: in der Mitte der EU

Mit Schweinfurts Großindustrie, Würzburg als Wissenschafts-, Dienstleistungs- und Handelszentrum sowie Aschaffenburg mit führenden mittelständischen Unternehmen hat Unterfranken drei bedeutende Wirtschaftsstandorte in zentraler Lage: Der geografische Mittelpunkt der EU liegt schließlich in Unterfranken (siehe Tipp 10). Noch zu Beginn des 20. Jahrhunderts war Unterfranken stark landwirtschaftlich geprägt. Aus dieser Zeit behielt nur der Weinanbau eine tragende Rolle: Der Bocksbeutel fungiert dabei als Markenzeichen für Qualitätsweine und ist das Wahrzeichen der Region, die von fünf Millionen Gästen pro Jahr besucht wird, die zwei Milliarden Euro in Unterfranken lassen.

Uni Würzburg

Die Julius-Maximilians-Universität Würzburg ist eine der ältesten Universitäten Deutschlands und eine der modernsten: Die Einrichtung des Studiengangs Nanostrukturtechnik um die Jahrtausendwende war europaweit einmalig. Insgesamt haben 14 Nobelpreisträger an der Würzburger Uni geforscht und gelehrt.

Weltkultur und Bratwurst

Neben Würzburgs Residenz (siehe Tipp 3) und Bad Kissingens Kurarchitektur (siehe Tipp 33) gibt es noch ein drittes Weltkulturerbe in Unterfranken. Kaiser Domitian hatte im 1. Jahrhundert die Idee dazu. Ein Schutzwall, der seine Römer gegen die barbarischen Germanen abschotten sollte. Der Limes bestand zum Teil aus Wall und Graben, hölzernen Palisaden oder Steinmauern. Auch der Main diente als nasser Limes zur Grenzziehung. Mit

900 Wachtürmen, mehr als 60 Kastellen und einer Gesamtlänge von 550 Kilometern ist der Obergermanisch-Raetische Limes das mit Abstand längste Bodendenkmal Europas und er verläuft auch einige Kilometer durch Unterfranken (siehe Tipp 24). 2005 wurde des Kaisers Idee als Meisterwerk des menschlichen Geistes, wie es in der UNESCO-Begründung hieß, zur Welterbestätte gekürt.

Fast könnte man meinen, dass die Bratwurst in Franken Weltkulturerbestatus hat. So weit ist es zwar nicht, aber der Stellenwert der Wurst ist enorm: Sie fehlt auf keiner Speisekarte und fast jeder Ort hat seine eigene Rezeptur. Meist ist die unterfränkische Bratwurst grob und wird als Paar zu Kraut, Brot und Senf gereicht. Weltweit einmalig ist die Meterbratwurst von Sulzfeld, auch wenn sie meist nur als halber Meter in Form einer Bratwurstschnecke auf den Teller kommt. Der Rekord beim Meterbratwurstessen liegt allerdings bei 5,73 Meter am Stück (siehe Tipp 44).

Fränkische Bratwürste

Info

Lage: Unterfranken liegt im Nordwesten Bayerns und grenzt an Baden-Württemberg, Hessen, Thüringen sowie Ober- und Mittelfranken.

Hauptstadt: Würzburg

Einwohner: 1,3 Millionen Menschen leben auf 8500 Quadratkilometern. Sie sind zu 62 Prozent katholisch.

Website: *regierung.unterfranken.bayern.de*

Kultur: Der Minnesänger Walther von der Vogelweide, der Bildschnitzer Tilman Riemenschneider und der Baumeister Balthasar Neumann gehören zu den herausragenden Kulturschaffenden Unterfrankens.

Top 10

DER SEHENSWÜRDIGKEITEN IN UNTERFRANKEN

1 **Würzburg, Residenz:** Weltkulturerbe seit 1982, das damals erst dritte in Deutschland. Eine der bedeutendsten Schlossanlagen des Barock in Europa, erbaut von Balthasar Neumann. Und Giovanni Battista Tiepolo schuf darin auf 18 mal 30 Metern eines der größten einteiligen Fresken, die je entstanden sind. Es ist Tiepolos Hauptwerk. Die Fürstbischöfliche Residenz zu Würzburg ist aus kunst- und kulturhistorischer Sicht ohne Frage die wichtigste Sehenswürdigkeit in Unterfranken. Zum Entspannen geht man in den verzückenden Hofgarten mit Wasserbassin, kegelförmig geschnittenen Eiben und Laubengängen. *residenz-wuerzburg.de*

2 **Würzburg, Festung:** Sie thront hundert Meter über dem Main und der größten Stadt in Unterfranken auf dem seit der Bronzezeit besiedelten Marienberg. Ab 1200 entstand die ungewöhnlich große Festung Marienberg, die von Weinreben umsäumt 500 Jahre von den Würzburger Fürstbischöfen bewohnt

wurde. Vier markante Türme geben der Anlage Kontur. Im Randersackerer Turm waren oben Archiv und Schreibstube und unten der Kerker untergebracht. Berühmtester Insasse: Tilmann Riemenschneider als einer der Anführer eines Aufstands gegen die Bischöfe. 1945 brannte die Festung fast aus. Der Wiederaufbau dauerte bis 1990. *wuerzburg.de*

3 **Aschaffenburg, Johannisburg:** Aus rotem Buntsandstein erbaut, gehört die einstige Residenz der Mainzer Kurfürsten zu den schönsten Bauten der deutschen Renaissance. Monumental thront sie leicht erhöht über dem Mainufer, fast quadratisch und symmetrisch mit den Außenmaßen von 87 mal 86 Metern und vier jeweils 52 Meter hohen Türmen. Von der mittelalterlichen Vorgängerburg wurde nur der Bergfried als fünfter Turm übernommen. Im Ostturm erklingt dreimal täglich ein Glockenspiel mit 48 Glocken. Im Inneren beherbergt die Johannisburg das Schlossmuseum mit der bedeutendsten Lucas-Cranach-Sammlung weltweit. *info-aschaffenburg.de*

4 **Mespelbrunn, Wasserschloss:** Noch heute besitzt die Familie Grafen von Ingelheim genannt Echter von und zu Mespelbrunn eines der romantischsten Schlösser Deutschlands: das Wasserschloss zu Mespelbrunn. Sie bewohnt den Südflügel, während der Nordflügel für die Öffentlichkeit zugänglich ist. Die versteckte Schönheit mit kleinem Weiher, umgeben von uralten Baumriesen liegt in einem schwer zugänglichen Tal mitten im Spessart. Einst war sie eine kleine Burg mit Mauern und Türmen zum Schutz gegen die Spessart-Banden. Der Film „Das Wirtshaus im Spessart" mit Liselotte Pulver erzählt davon und das Schloss war Drehort. *schloss-mespelbrunn.de*

5 **Volkach, Mainschleife:** Sie gilt als eines der schönsten Fleckchen in Franken und die Einheimischen sagen: Bei uns dreht sich der Main im Kreis, weil er sich hier am wohlsten fühlt ... Die Mainschleife bei Volkach, einem dieser fränkischen Bilderbuch-Weindörfer, ist ein Schaustück der Natur und ein kontemplativer Ort zugleich, vor allem wenn man einen Picknickkorb und ein Fläschchen Volkacher Riesling dabei hat. Man kann die fünf Kilometer gut paddeln oder erwandern. Kultureller Höhepunkt ist die mitten in den Weinbergen liegende Wallfahrtskirche Maria im Weingarten, die hoch oben auf einem steilen Hügel liegt. *volkach.de*

6 **Bad Kissingen, Bäderarchitektur:** Das neue Weltkulturerbe für Unterfranken: 2021 wurde Bad Kissingen die Ehre zuteil, weil sich in den letzten Jahrzehnten so wenig verändert hat. Denn ausgezeichnet wurden weder die Heilkraft der Quellen noch das Kur- oder Spa-Angebot, sondern das Historische: Geschlossene architektonische Ensembles, die bis heute von der Bäderkultur geprägt sind. Bad Kissingen wurde im Verbund zum Welterbe: zusammen mit Baden-Baden und Bad Ems als drei der „Great Spas of Europe", einem Zweckbündnis von insgesamt elf traditionsreichen europäischen Kurorten. *badkissingen.de*

7 **Miltenberg, Marktplatz:** Miltenberg ist zwar nicht groß, aber die mittelalterliche Fachwerkstadt hat es in sich: mit Stadtmauer, Tortürmen und dem historischen Marktplatz, ohne Zweifel einer der malerischsten Plätze in Deutschland. Windschiefe Fachwerkhäuser mit Vorbauten und Erkern, im Zentrum der Marktbrunnen, mit tanzenden Putten verziert, und der den Platz nach oben abschließende Schnatterlochturm geben dem Marktplatz ein wunderbares Gesicht. Die Häuser des Ensembles wurden vorwiegend im 16. und 17. Jahrhundert erbaut und präsentieren sich bestens erhalten und voller Stolz als Herzstück der Stadt. *miltenberg.info*

8 **Dettelbach, Stadtmauer:** 30 gut erhaltene Türme und eine fast vollständige mittelalterliche Stadtbefestigung mit zwei Toren, das sucht selbst im mit Stadtmauern, Toren und Türmen gut bestückten Unterfranken seinesgleichen! Die Türme sind häufig in privater Hand und werden als Wohnungen oder auch als Ferienwohnungen genutzt. An manchen Stellen sehen die Türme und Häuser aus, als seien sie eigens für eine Märchenkulisse gemacht worden, aus der gleich ein paar Schlümpfe, Zwerge oder Kobolde heraustreten und für Unterhaltung sorgen ... Binnen einer Stunde kann man den Weinort meist auf der Stadtmauer umrunden. *dettelbach-entdecken.de*

9 **Schweinfurt, Kunsthalle:** Mit dem Industriellenerben, Fotografen, Kunstsammler, Lebenskünstler, Playboy und Brigitte-Bardot-Ehemann Gunter Sachs bekam die graue Industriestadt Schweinfurt Platz in der Yellow Press. Und als auch seine Fotografien und gesammelten Kunstwerke ausge-

stellt wurden, kamen sogar die großen Feuilletons nach Schweinfurt. Was als Volksbad angefangen hat, ist seit 2009 die Kunsthalle: Sie gehört mit der Sammlung „Die deutsche Kunst nach 1945", die seit 2019 als Dauerausstellung gezeigt wird,

zu den wichtigsten Museen dieser Art im Freistaat Bayern. *kunsthalle-schweinfurt.de*

10 **Spessart:** Von oben sieht der Spessart aus wie sanfte, eng aneinandergeschmiegte Büschel, die nur von Flusstälern und Ortschaften unterbrochen sind. Ein perfektes Gebiet für Wanderer, Fahrradfahrer und Mountainbiker. „Wenn Landschaft Musik macht: Dies ist ein deutsches Streichquartett", beschrieb Kurt Tucholsky 1927 den Spessart. Kinzig, Sinn und Main schließen all den Spessart ein, besagt ein Merkvers über das knapp 600 Meter hohe Mittelgebirge, das weite Teile des Mainvierecks einnimmt. Es ist das größte zusammenhängende Laubwaldgebiet in Deutschland. *naturpark-spessart.de*

Krioses und Besonderheiten

AUS UNTERFRANKEN

Obernburger Fund

✓ Obernburg, Stadt auf der Stadt

Von jeder Baustelle und aus jedem Loch, das man gräbt, „schaut ein Römer raus", sagt der Direktor des Römermuseums. Weil die Altstadt genau auf ein Römerkastell gebaut wurde, das komplett erhalten ist, aber nicht ausgegraben werden kann, weil eben Menschen darauf wohnen. Das Pompeji am Main wurde einst mit einer 60 bis 200 Zentimeter dicken Schwemmlehmschicht begraben.

✓ Alzenau, Wandern im Sonnensystem

Die Sonne findet man mit einem Durchmesser von 75 Zentimetern als Laternenkugel am Burgparkplatz und die Erde mit 50 Millimetern Durchmesser maßstabsgetreu 80 Meter weiter. Denn in Alzenau kann man unser Sonnensystem im Maßstab von 1:2 Milliarden auf dem Planetenweg kennenlernen. Für die letzten Planeten im Sonnensystem muss man 2,8 Kilometer nach Michelbach spazieren.

Amorbach, Sonderzug nach Pankow

Wo steht eigentlich der Original-Sonderzug nach Pankow? Im Bahnhof Amorbach auf Gleis 1, mit Unterschrift von Udo Lindenberg! Der fuhr 1983 für ein Konzert mit der Bahn nach Ostberlin. Seinen Hit „Sonderzug nach Pankow" durfte er allerdings nicht spielen. 20 Jahre später bemalte und beklebte Lindenberg unter dem Motto „Sonderzug nach Pankow" eigenhändig die Lok eines Sonderzugs zum Tag der Deutschen Einheit. Es folgte regulärer Schienendienst und dann das Abstellgleis ...

Udos Lok

Aschaffenburg, der „Ascheberscher Arsch"

Ein siebtes Wahrzeichen sollte her. Deshalb wurde der Magistrat zur Mauer an den Schlossberg geführt. Dort fand sich die steinerne Wiedergabe eines nacktes Körperteils: Der Ascheberscher Arsch, zwei wohlgeformte Vertiefungen in der Steinmauer, die an ein menschliches Hinterteil erinnern. Der AA wurde zum Wahrzeichen, geht heutzutage aber auch als Preßack oder Marzipan in AA-Form über die Theken.

Lohr, die Schneewittchenstadt

Schneewittchen und die vier Gemeinden ist kein neues Märchen. Sondern ein Zankapfel: Denn das „Schneewittchen" der Brüder Grimm hat ein Zuhause. Nur welches und wo? Lohr will die Heimat sein, Alfeld in Niedersachsen und zwei Gemeinden in Hessen ebenso. Forschungen zufolge handelt es sich bei Schneewittchens Vorbild um die 1725 in Lohr geborene Maria Sophia Margaretha Catharina von Erthal. Auch weitere Fixpunkte des Märchens sprechen für Lohr.

Hammelburg, geheimnisvolle Figuren

Der Philosoph, eine junge Frau auf einem Felsvorsprung und eine Tänzerin mit Kind: Keiner weiß, wer diese schweren, lebensgroßen Figuren erschaffen und sie in das jeweils recht unzugängliche Gelände gebracht hat. Eine gute Marketing-Idee? Oder einfach nur ein bisschen schräg? Das kann jeder selbst entscheiden ...

Randersacker, die goldene Badewanne

Balthasar Neumann war ein großer Baumeister, Schöpfer der Residenz in Würzburg und zahlreicher weiterer Gebäude in Unterfranken. Ihm zu Ehren steht mitten im Dorf Randersacker eine goldene Badewanne auf Füßchen, wie man sie vielleicht in einem pompösen Schloss oder historischen Museum erwartet. Balthasars güldene Badewanne wird auch permanent eingelassen; sie ist ja ein Teil der Brunnenanlage.

Mitten im Dorf ...

Ochsenfurt, das Anziehkämmerle

Das Greisinghaus in Ochsenfurt beheimatet das Trachtenmuseum der schönen Stadt. Selbst kostbare und prachtvolle Tracht kann man dort aber nicht nur anschauen, sondern auch mal persönlich probieren. Dafür ist das Anziehkämmerle vorgesehen. Auch eine Nähstube gibt es.

Der Ruhe die Ruhe lassen

Miltenberg, Jüdischer QR-Friedhof

Das Wunderbare am nur 1700 Quadratmeter kleinen Alten Jüdischen Friedhof mit seinen gerade mal 136 sichtbaren Grabstellen: Er ist verwunschen, verwildert, aber nicht vergessen, denn der Friedhof ist den berühmten großen Pendants von Jerusalem oder auch Berlin und Prag durchaus voraus. Per QR-Code bekommt man Zugriff auf eine Dokumentation mit Lageplan und allen Grabinschriften. Jedes einzelne Grab wurde dokumentiert.

Tauberfranken, wer gehört zu wem?

Tauberfranken, das sind die Städte Wertheim, aber auch Tauberbischofsheim oder Bad Mergentheim, an der Tauber in Baden-Württemberg gelegen, obgleich doch durch und durch fränkisch ... Doch im Zuge der napoleonischen Neuordnungen Anfang des 19. Jahrhunderts erhielt auch Baden fränkische Orte.

SCHWEDEN
DÄNEMARK
Ostsee
Nordsee
Kiel
SCHLESWIG-HOLSTEIN
MECKLENBURG-VORPOMMERN
HAMBURG
Schwerin
BREMEN
BRANDENBURG
POLEN
NIEDERSACHSEN
BERLIN
Hannover
Potsdam
Magdeburg
NORDRHEIN-WESTFALEN
SACHSEN-ANHALT
Düsseldorf
SACHSEN
Dresden
Erfurt
HESSEN
THÜRINGEN
RHEINLAND-PFALZ
Wiesbaden
UNTERFRANKEN
OBERFRANKEN
Mainz
TSCHECHIEN
SAARLAND
MITTELFRANKEN
Stuttgart
FRANKREICH
BAYERN
BADEN-WÜRTTEMBERG
München
ÖSTERREICH
SCHWEIZ

Alsfeld
Dermbach
71
Suhl
Laubach
Fulda
HESSEN
THÜRINGEN
Fladungen
Ortenberg
Steinau an der Straße
Bad Neustadt
Bad Königshofen
73
66
71
Bad Kissingen
7
Schweinfurt
Haßfurt
Aschaffenburg
Lohr am Main
70
3
BAYERN
Hirschaid
Würzburg
Wertheim
Kitzingen
Scheinfeld
3
Miltenberg
Iphofen
Walldürn
E41
7
Fürth
Eberbach
81
Schrozberg
Möckmühl
BADEN-WÜRTTEMBERG
Herrieden
Spalt
Heilbronn
E43
Vellberg
Dinkelsbühl
Oettingen in Bayern
Murrhardt

Würzburg
STADT WÜRZBURG

Stadt, Schiff, Fluss

Würzburg

1. Festung Marienberg: Main ist dein ganzes Herz
2. Alte Mainbrücke: beim Brückenschoppen
3. Residenz: der größte Tiepolo
4. Julius- und Bürgerspital: „Helfen und Heilen"
5. Röntgen-Gedächtnisstätte: die berühmten Strahlen

Dürrbachtal
Dürrbach
Unterdürrbacher Str.
itshöchheimer Straße
27
Nordtangente
5
Würzburg Hauptbahnhof
8
Pleicher See
Mainaustraße
Röntgenring
Pleichach
Weißenburgstraße
Dreikronenstr.
Main
4
Ludwigstr.
Martin-Luther-Str.
Gneisenaustraße
2
3
Zeller Str.
Obere Zellerau
27
1
Saalg.
Höchberger Straße
Kühbach
Mainviertel
Würzburg
Friedrich-Ebert-Ring
Leistenstraße
19
Wittelsbacherstraße
Erthalstraße
Zeppelinstr.
Trautenauer Straße
F.-Spee-Str.
Ludwigkai
Kantstraße
Mergentheimer Straße
T.-Heuss-Damm
Steinbach
Graf-Luckner-Weiher
Main

1 Festung Marienberg

MAIN IST DEIN GANZES HERZ

Würzburg prunkt nicht nur mit Weltkultur, Festung (Foto) sowie dem Glanz und Gloria vergangener Tage, sondern hat sich von einer konservativ-katholischen großen Kleinstadt zu einer liebenswerten kleinen Großstadt gemausert, mit lebendiger Atmosphäre und süffigen Schoppen. Bei denen wunderbar erzählt wird: über Kirchtürme und Napoleon, Stalingrad und Biebelried, Japaner und Basketball.

Die Residenz

Da steht der Japaner nun mit Sonnenhütchen nebst Selfie-Stange und wirkt ein wenig hilflos. Die Festung Marienberg im Rücken, sucht sein Blick rast- und ratlos das unten liegende Würzburg ab. Auf die Frage, ob man helfen könne, antwortet er kurz: „Where is the Weltkultur?" Damit meint er die Fürstbischöflichen Residenz zu Würzburg (siehe Tipp 3), die von der Gartenterrasse der 1201 gegründeten Festung nur halb verdeckt zu sehen ist. Hiroto aus Otsu, eine der zehn internationalen Partnerstädte von Würzburg, ist ein wenig enttäuscht. Er wollte so gerne ein Selfie von sich, der Stadt und der Residenz im Hintergrund machen. Aber immerhin könne er ja vom Südgarten der Residenz mit dem von akkurat geschnittenen Eiben umstellten Wasserbassin wunderbar fotografieren, so der Tipp eines waschechten „Würzburchers". Hiroto zeigt sich zufrieden und verabschiedet sich geradezu förmlich.

Würzburg, sagen Spötter, habe mehr Kirchtürme als Häuser. Sie beziehen sich dabei auf ein Zitat von Napoleon Bonaparte, der meinte: „Würzburg – das größte Pfarrhaus Deutschlands." Und tatsächlich sieht man von der Festung Kirchturm um Kirchturm, von St.-Kilians-Dom bis Stift Haug. Die mächtige Hauger Kuppel mit der Kreuzigungsszene von Tintoretto wird oft für den Dom gehalten, der sich doch eher schlank gibt, obwohl er die viertgrößte romanische Kirche Deutschlands ist. Auf etwa gleicher Höhe wie die Festung, nur südlicher, liegt auf dem Nikolausberg das Käppele – offiziell Mariä Heimsuchung, erbaut von Balthasar Neumann –, der Platz für Wallfahrer, Ur-Würzburger und „Schützenhof"-Gänger, da der Landgasthof von 1862 ebenfalls am Nikolausberg beheimatet ist. Trotz der besten Beerenweine weit und breit, verirren sich dorthin nur selten die Touristen.

Für Fremde ist Würzburg ja ein niedliches Städtchen und Bahnknotenpunkt: Das bekommt jeder Schüler in Unterfranken in der ersten Erdkunde-Stunde beigebracht. Unterfrankens Hauptstadt liegt bahntechnisch im Herzen Deutschlands, feierte 2004 sein 1300-jähriges Stadtjubiläum, ist Bischofssitz und beheimatet die älteste bayerische Universität. Rund 30.000 Studenten sind ein-

Das Käppele

geschrieben (bei insgesamt nur 128.000 Einwohnern!). Ansonsten kommt die kleine Großstadt nur selten in die Schlagzeilen. Was nicht heißen soll, dass es dort langweilig ist!

In den Weinstuben ärgern sich die alten Würzburger, dass sich alles verändert habe. Während in den Studentenkneipen die Jungen lästern: Nichts tue sich in der unterfränkischen Provinz ... Wobei beide Seiten recht haben: Die allen Italien-Urlaubern, die nördlich des Mains leben, bekannte Autobahnraststätte gibt es immer noch. Sie thront wie die Festung über der Stadt (nur etwas versetzt), ist rund um die Uhr geöffnet und war früher ab Mitternacht der Treffpunkt der Jugend und Halbwelt, weil sonst nichts mehr offen hatte. Heute kann man in Würzburg auch noch nach Mitternacht ausgehen – ohne zur Autobahnraststätte fahren zu müssen. Würzburgs berühmtester Kabarettist Frank-Markus Barwasser, bekannt als Erwin Pelzig, provozierte einmal in einem seiner Programme: „Unsere Väter hatten Stalingrad, wir hatten das Biebelrieder Dreieck". An der B8, in Richtung Biebelrieder Dreieck, eröffnete 1983 eine der ersten Großraumdiskotheken in Deutschland, das „Airport". Und im Mainfrankenpark, direkt am Biebelrieder Dreieck, wartet die „Cineworld" mit acht Kinosälen und modernster Technik auf junge Kundschaft.

Davon weiß natürlich kein Tourist etwas. Der nippt zufrieden an seinem Schoppen, in dem ein Würzburger Stein kredenzt wird, blickt von der Terrasse der Steinburg auf die Reben eben dieses Würzburger Stein, auf die Stadt mit den vielen Kirchtürmen, auf die Festung und der erste Eindruck trügt nicht: Die Besucher aus aller Welt scheinen recht glücklich in und mit dieser Stadt zu sein. Was einfach zu erklären ist. Die lebendige Frankenwein-Metropole liegt inmitten von Weinbergen, ist voll von Weinstuben, was die Kultur-Visite tagsüber bis in den Abend hinein verlängert. Denn in Würzburg gilt Wein als Kultur. Und es gibt auch jede Menge Kulturgeschichten dazu: etwa die vom bereits erwähnten Würzburger Stein, ein Riesling, der Johann Wolfgang von Goethes Lieblingstropfen war ... Schriftstellerkollege und Kabarettist Joachim Ringelnatz

Würzburger Wein

meinte dazu: „Die besten Vergrößerungsgläser für die Freuden dieser Welt sind jene, aus denen man trinkt." Und in „Würzburch" nimmt man am besten „a Bradworscht vom Margt" oder frittierte „Meefischli" dazu. Würzburgerischer geht's nimmer ...

Dass es in der Innenstadt und Fußgängerzone inzwischen aussieht wie in allen anderen deutschen großen Kleinstädten und kleinen Großstädten, mit diesen „H&M", „Rossmann" und „Douglas", dafür kann Würzburg ja nicht wirklich etwas. Aber immerhin klingen manche der austauschbaren Ketten in Würzburg goldiger – ähm „goldicher nadürlich": „Dagläs" ist doch besser wie „Douglas", oder? Und bei „Dagläs" muss man dem Fremden nicht mal klar machen, dass das mit normalem D geschrieben wird und nicht mit unterfränkischem D wie „Dür" (also wie Tür).

Trotzdem findet man noch das eine oder andere Einzelhandelsgeschäft mit dieser schlichten, direkten, aber herzlichen Atmosphäre wie in jener Metzgerei, in dem ein Werbespot gedreht wurde – und zwar mit dem inzwischen wohl berühmtesten Sohn der Stadt. Er, eine Riese von 2,13 Meter Größe, betritt das Geschäft. Und wie in seiner Würzburger Kindheit bekommt Basketball-Star Dirk

Nowitzki eine extra Scheibe Wurst zum Sofortverzehr. „Damit du groß und stark wirst!", sagt die Metzgersfrau und alle lachen – wie früher. Main ist doch auch sein ganzes Herz …

Info

Lage: Würzburg liegt etwa auf halber Strecke zwischen Frankfurt/Main und Nürnberg. Festung: Marienberg, 97012 Würzburg

Auskunft: Marktplatz 9, 97090 Würzburg, Tel. 0931 372398, *wuerzburg.de*

Aktivitäten: Weinbergführung durch die Lagen am Schlossberg (unterhalb der Festung) und Innere Leiste, *fuehrung-durch-wuerzburg.de*

Event: im Mai *africafestival.org*

Museum: weltberühmte Plastiken Adam und Eva von Tilman Riemenschneider, Zeugnisse fränkischer Weinkultur, *mainfraenkisches-museum.de*

Restaurants:

- Reisers am Stein: traditionelle Speisen, modern inszeniert, ein Stern, hauseigenes Weingut, toller Blick auf Stadt und Festung; Mittlerer Steinbergweg 5, 97080 Würzburg, Tel. 0931 286901, *der-reiser.de*
- Schützenhof: ebenfalls toller Stadtblick zu gutbürgerlich-fränkischer Küche wie geschmorte Ochsenbäckchen in Rotweinsoße. Leckere Beerenweine! Mainleitenweg 48, 97082 Würzburg, Tel. 0931 72422, *schuetzenhof-wuerzburg.de*
- Weinstube Maulaffenbäck: im Zentrum; Maulhardgasse 9, 97070 Würzburg, *maulaffenbaeck.info*

Unterkunft:

- Steinburg: Würzburger Stein trinken, wo er wächst, und an Ritterrüstungen vorbei im 4-Sterne-Gemach ins Himmelbett sinken; Reußenweg 2, 97080 Würzburg, Tel. 0931 97020, *steinburg.com*

2 Alte Mainbrücke

BEIM BRÜCKENSCHOPPEN

Es ist täglich Würzburgs größte und beliebteste Party: der Brückenschoppen auf der Alten Mainbrücke. Hunderte Leute stehen zusammen, tratschen, haben ein Glas Frankenwein in der Hand und genießen erst den Feierabend und dann den Sonnenuntergang. Insbesondere bei schönem Wetter füllt sich die Mainbrücke schnell. Bei einem Schoppen, also einem Viertelliter Wein, bleibt es dabei selten und meistens genehmigt man sich auch noch eine leckere Rostbratwurst auf die Hand. Dem Charme dieser Würzburger – mittlerweile kann man sagen – Tradition können sich weder Einheimische noch Besucher entziehen. Das bunte Treiben mit besten Blicken in alle Richtungen, von Festung bis Dom, Grafeneckart bis Alter Kranen, wird durch Ausschänke an beiden Enden der Brücke möglich: Die Leute nehmen das Angebot zuhauf an. Mehr noch: Sie lieben ihren Brückenschoppen. Manche „Würzburcher" sprechen inzwischen sogar schon von der alten Weinbrücke ...

Nirgends ist Würzburg lockerer als abends auf der Alten Mainbrücke mit ihren zwölf Ehrfurcht einflößenden Heiligenstatuen: Der Brückenschoppen ist zur Institution geworden und auch die Besucher mischen sich weinselig unters Volk. Die Mainbrücke gibt aber auch den perfekten Startpunkt für eine umfassende Innenstadttour.

Einen Ausschank hat das Gasthaus „Alte Mainmühle" auf der Innenstadtseite. Auf Bildern aus den

Party mit Schoppen auf der Brücke

1920er-Jahren sieht man, dass das Haus früher tatsächlich eine Mühle und das erste Main-Kraftwerk zur Stromerzeugung war. Heute bekommt man in dem fränkischen Gasthaus die hausgemachten Mühlenbratwürste nicht einfach nur mit Sauerkraut, sondern mit Silvaner-Sauerkraut oder man bestellt das zumindest in der Stadt selten gewordene Fränkische Hochzeitsessen: gesottener Kalbstafelspitz in Meerrettichsauce mit breiten Bandnudeln.

Alte Mainmühle

„Wir hätten sollen nicht so viel Steinwein trinken. Aber das ist schwer: So etwas von Reinheit; von klarer Kraft, von aufgesammelter Sonne und sonnengetränkter Erde war noch nicht da. Und das war nur der offene, in Gläsern – wie wird das erst, wenn die gedrückten Flaschen des Bocksbeutels auf den Tisch gestellt werden ..." Dieses Zitat stammt auch aus den 1920er-Jahren, als noch kein Mensch an einen Brückenschoppen dachte und die Mainmühle noch eine Wassermühle war. Kurt Tucholsky schrieb die Zeilen 1927, als der kritische Geist mit Freunden in Würzburg auf Sauftour ging. Aber er legte bei seinem Besuch dem Heiligen Nepomuk auch einen Glückspfennig zu Füßen.

Blick ins Zentrum ...

... und auf die Festung

Nepomuk ist eine der zwölf Heiligenfiguren der achtbögigen Alten Mainbrücke, die in ihrer jetzigen Form aus dem 15. Jahrhundert stammt und bis 1886 Würzburgs einziger Flussübergang war. Eine erste Konstruktion gab es um 1120. 1725 kamen die charakteristischen, 4,5 Meter hohen, barocken Heiligenstatuen dazu, darunter Nepomuk, der Brückenheilige, Burkard, der erste Bischof von Würzburg, und der Frankenapostel Kilian. Im zu Ehren ist der Dom benannt und auch das Kiliani-Volksfest. Eine Million Gäste kommen jedes Jahr in zwei Wochen.

Die gut 17 Meter breite und 185 Meter lange Mainbrücke verbindet die Festungsseite mit der Innenstadt, die mit dem Grafeneckart, dem Rathausturm an der Ostseite der Brücke, beginnt. Schon 60 Jahre nach seiner Vollendung kaufte der Stadtrat 1316 den Grafeneckart als ein sichtbares Zeichen bürgerlichen Unabhängigkeitsstrebens gegenüber dem bischöflichen Landesherrn. Der vom Krieg verschont gebliebene, markante 55 Meter hohe Grafeneckart gehört zur Stadtsilhouette wie auch der Alte Kra-

Der Alte Kranen

nen von 1773 mit seinen zwei ausladenden Armen. Er ist ein Liebling der Würzburger, steht etwas weiter flussabwärts der Mainbrücke und tat 73 Jahre seinen Dienst, indem mit ihm Güter und Waren von den Main-Schiffen ans Land gehievt wurden oder umgekehrt.

Die Domstraße führt als Verlängerung der Alten Mainbrücke schnurstracks zum Kilians-Dom, 1045 bis 1237 erbaut, im Zweiten Weltkrieg komplett zerstört und 1960 wiederaufgebaut. Er ist die viertgrößte romanische Kirche Deutschlands, hinter den Kathedralen von Speyer, Mainz und Trier. Eine der größten Orgeln der Republik, die integrierte Schönbornkapelle von Balthasar Neumann und einige Werke von Tilman Riemenschneider stehen im Zentrum. Riemenschneider war einer der bedeutendsten Künstler um 1500. Der Bildhauer war ab 1520 aber auch drei Jahre lang Bürgermeister von Würzburg und gehörte während des Bauernkriegs zu den Freiheitskämpfern. Dafür kam er in Haft, in der er „vom Hencker hart gemartert" wurde, wie es in einer Überlieferung heißt. Es gibt die Legende, dass Riemenschneider die Hände gebrochen wurden, damit er nicht mehr arbeiten konnte. Sicher ist: Nach seiner Freilassung, gegen den Großteil seines Vermögens, erhielt er keinen größeren Auftrag mehr. Riemenschneider verstarb 1531 in Würzburg.

Dom

Balthasar Neumann kam als einer der bedeutendsten Baumeister des Barock und Rokoko in Deutschland zu Ruhm und Ehre. Zu seinen bekanntesten Werken zählt die Würzburger Residenz (siehe Tipp 3). Sowohl auf Arbeiten von Neumann als auch von Riemenschneider wird man in Franken immer wieder treffen, so auch im neben dem Dom errichteten Neumünster aus dem 11. Jahrhundert, wo die Riemenschneider-Madonna zu bestaunen ist. Im nahen Lusamgärtlein, einem Kleinod mitten in der Stadt, trifft man auf einen dritten großen Künstler Würzburgs: Walther von der Vogelweide, der als wichtigster deutscher Lyriker des Mittelalters gilt und in Würzburg seinen Alterswohnsitz von Friedrich II. erhielt. Im Lusamgärtlein wurde er um 1230 beerdigt.

Das Falkenhaus

Dass Würzburg bis 1945 zu 80 Prozent zerstört war, sieht man im gesamten Innenstadtbild. Es überwiegen Zweckbauten aus den 1960er und 70er-Jahren, was auch am Marktplatz zu sehen ist, einmal abgesehen vom gelben Falkenhaus mit Rokoko-Fassade. Blickfang auf dem zwischen Mainbrücke und Dom versetzt liegenden Platz ist die spätgotische Marienkapelle von 1480. Neben der Silbermadonna und Riemenschneider-Kunstwerken befinden sich das Grab von Balthasar Neumann sowie die Reliquienbüste des Aquilin, des einzigen in Würzburg geborenen Heiligen, in der Kirche.

Info

Lage: Würzburg liegt etwa auf halber Strecke zwischen Frankfurt/Main und Nürnberg. Die Mainbrücke ist über den Platz am Grafeneckart bzw. Zeller Straße/ Saalgasse zu erreichen.

Auskunft: Marktplatz 9, 97090 Würzburg, Tel. 0931 372398, *wuerzburg.de*

Aktivitäten: Auf der Mainwiese Talavera im Stadtteil Zellerau treffen sich Läufer, Inliner, Radfahrer, Skater und es gibt Spiel-und Grillplätze.

Events:
- Brückenschoppen, bei gutem Wetter täglich ab Nachmittag, Alte Mainbrücke
- Kiliani-Volksfest, im Juli, auf dem Talavera-Platz

Einkaufen: Fußgängerzone, von Hauptbahnhof über Altstadt und Markt bis zur Alten Mainbrücke

Museen:
- Museum am Dom, Kunstwerke 10. bis 21. Jahrhundert
- Kunstschiff Arte Noah, die einzige schwimmende Galerie Deutschlands
- *wuerzburg.de/tourismus/wuerzburg-entdecken/kunst-und-kultur/museen-galerien/index.html*

Restaurant:
- Alte Mainmühle: Mühlenbratwürste auf Silvaner-Sauerkraut mit Kümmel, Fränkisches Hochzeitsessen; Mainkai 1, 97070 Würzburg, Tel. 0931 16777, *alte-mainmuehle.de*

Unterkunft:
- Walfisch, gemütliches 3-Sterne-Hotel, Familienbetrieb seit 1919, Restaurant, schöne Terrasse mit Festungsblick; Am Pfleidenturm 5, 97070 Würzburg, Tel. 0931 35200, *hotel-walfisch.com*

3 Residenz

DER GRÖSSTE TIEPOLO

Die Miete für die Hofkirche für eine Trauung liegt bei nur 200 Euro. Wer den Kaisersaal der Residenz mieten möchte, muss allerdings schon gut 5000 Euro investieren, um dann bis zu 400 Gäste begrüßen zu können. Der Hausherr, die Bayerische Schlösserverwaltung, macht eben aus fast allem Geld. Doch wer würde nicht gerne einmal eine Veranstaltung in der Würzburger Residenz machen, feiern und residieren wie einst die Würzburger Fürstbischöfe in ihrem stattlichen Sitz?

Die Fürstbischöfliche Residenz zu Würzburg gehört wegen ihrer Geschlossenheit zu den bedeutendsten Schlossanlagen des Barock in Europa und wurde 1982 zum Weltkulturerbe der Menschheit ernannt. Balthasar Neumann war ihr Architekt. Und Giovanni Battista Tiepolo schuf ein einmaliges Deckenfresko: sein größtes Werk.

1720 bis 1744 im Rohbau entstanden und bis 1780 fertig ausgestattet, wurde die Residenz vergleichsweise zügig erbaut, gehört heute zu den wichtigsten barocken Schlossanlagen Europas und zählt zum Weltkulturgut der UNESCO: Sie war 1982 erst die dritte deutsche Weltkulturerbestätte überhaupt – nach dem Aachener (1978) und Speyerer Dom (1981). Bauherr war Fürstbischof Johann Philipp Franz von Schönborn. Die Planung wurde dem damals noch jungen und weitgehend unbekannten Architekten Balthasar Neumann übertragen. Der richtete sich in unmittelbarer Nähe eine Aussichts-

Weltkulturerbe Residenz

plattform ein, von der er seine Baustellen – neben der Residenz baute er auch Patrizierhäuser und das Käppele am Nikolausberg – überblicken konnte. Für das weltberühmte, von Neumann stützenfrei überwölbte Treppenhaus der Residenz schuf der Venezianer Giovanni Battista Tiepolo 1752 und 1753 das Deckenfresko mit den vier Erdteilen. Das Gemälde ist mit 18 mal 30 Metern eines der größten einteiligen Fresken, die je entstanden sind. Es gilt als sein Hauptwerk.

Das Treppenhaus

Die großartige Raumfolge mit ihrem Auftakt in Vestibül und Gartensaal führt durch das Treppenhaus und den Weißen Saal weiter in den ebenfalls von Tiepolo freskierten Kaisersaal, von dem im Rokoflügel zwei weitere Werke zu bestaunen sind. Die Wölbungen dieser Haupträume hielten dem verheerenden Residenzbrand von 1945 stand, während flankierende Räume zerstört oder stark beschädigt wurden. Erst 1987, als Abschluss des Wiederaufbaus, konnte das rekonstruierte Spiegelkabinett wiedereröffnet werden. Insgesamt sind für die rund 400.000 Gäste pro Jahr mehr als

40 Schlossräume geöffnet, die eine reiche Fülle von Möbeln, Teppichen, Gemälden und anderen Kunstschätzen des 18. Jahrhunderts bergen. Wer den Kaisersaal oder andere Räume mietet, muss deshalb auch das Rauch- und Kerzenverbot akzeptieren.

Von der Vogelweide

Die Galerie zeigt Venezianische Malerei des 17. und 18. Jahrhunderts und ist ein Zweigmuseum der Bayerischen Staatsgemäldesammlungen. Die separat vom Residenzplatz aus zugängliche Hofkirche stellt einen Höhepunkt sakraler Kunst in Würzburg dar. Der weitläufige Residenzplatz ist zwar leider zum überwiegenden Teil ein Großparkplatz, doch auch Heimat einer Skulptur des wahrscheinlich in Würzburg um 1230 verstorbenen Lyrikers Walther von der Vogelweide und des Frankonia-Brunnens, der 1894 für Prinzregent Luitpold von Bayern geschaffen und im Beisein des Prinzregenten enthüllt wurde. Den acht Meter hohen Brunnen dominiert Frankonia mit fränkischer Sturmfahne und Lorbeerkranz. Die Patronin Frankens ist vergleichbar mit der Bavaria für Bayern oder Borussia für Preußen.

Der Hofgarten

Ein kleiner Spaziergang durch den Hofgarten befriedigt sowohl den Kunst- als auch den Naturgenuss. Vor allem der Südgarten mit dem von kegelförmig geschnittenen Eiben umstellten Wasserbassin ist wunderschön. Der

Hofgarten wurde im Rokokostil mit verschiedenen Gartenbereichen entwickelt und mit Obstbäumen, Kübelpflanzen, Blumenbeeten, Hecken, Spalieren und Laubengängen ausgestattet.

Fast übergangslos trifft man auf den Ringpark, der die Altstadt als Halbring auf 3,5 Kilometer Länge umschließt. Die grüne Lunge der Stadt hat rund 4800 Bäume aus 220 Arten. Klein-Nizza war um 1900 der letzte Abschnitt des Parks. Die üppige Pracht von Blumen, Sträuchern und Bäumen soll an die südfranzösische Stadt Nizza erinnern.

Info

Lage: Würzburg liegt etwa auf halber Strecke zwischen Frankfurt/Main und Nürnberg. Residenz: Residenzplatz 2, 97070 Würzburg

Auskunft: Marktplatz 9, 97090 Würzburg, Tel. 0931 372398, *wuerzburg.de*

Aktivitäten: Führungen ohne Voranmeldung, alle 20 bis 30 Minuten, im Eintrittspreis enthalten, *residenz-wuerzburg.de*

Event: Hofgarten-Weinfest im Juli, *hofkeller.de*

Museum: Antikensammlung und Gemäldegalerie, *martinvonwagner-museum.com*

Restaurants:

- B. Neumann: fränkisch-bayerische Küche; Residenzplatz 1, 97070 Würzburg, Tel. 0931 46771944, *b-neumann.com*
- Luisengarten: persische Küche mit Fleisch vom Lavasteingrill; Martin-Luther-Straße 1, 97072 Würzburg, Tel. 0931 51230, *luisengarten.net*

Unterkunft:

- Rebstock: Traditionshotel seit 1408, 4-Sterne-Haus, gutes Restaurant; Neubaustraße 7, 97070 Würzburg, Tel. 0931 30930, *rebstock.com*

4 Julius- und Bürgerspital

„HELFEN UND HEILEN“

Auf 250 Metern reihen sich die großen Holzfässer aneinander, in denen der gute Frankenwein des Juliusspitals lagert. Der historische Holzfasskeller aus dem 16. Jahrhundert umfasst 220 Eichenholzfässer und der Inhalt kommt von Frankens besten Lagen: Würzburger Stein, Randersackerer Pfülben, Eschendorfer Lump, Iphöfer Julius-Echter-Berg und Rödelseer Küchenmeister. Der Keller ist der Höhepunkt einer jeden Führung, die mit einer kleinen Probe von drei Weinen ihr Ende findet.

Der gute Frankenwein hat den eigentlichen Zweck, Alten, Armen und Kranken zu helfen, im Bewusstsein der Öffentlichkeit in den Hintergrund gedrängt. Doch sowohl Julius- als auch Bürgerspital tragen ihren Namen bis heute zu Recht. Und dennoch gehören beide zu den wichtigsten Weingütern in Deutschland.

Bei beiden Weingütern – des Julius- und des Bürgerspitals – ist das Spital im Namen zwar zunächst etwas irritierend, doch aber vollkommen berechtigt: Denn heute wie früher kümmert man sich in den beiden größten Würzburger Weingütern um die Versorgung alter und kranker Menschen.

Das Juliusspital war Altenheim, Krankenhaus, Waisenhaus, Schule, Pilgerherberge und im Erdgeschoss zeigt bis heute eine der schönsten Rokoko-Apotheken Deutschlands ihre einzigartige Originaleinrichtung. Das Stiftungsmotto „Helfen und Heilen" geht auf den Stiftungsgründer Julius Echter von Mespelbrunn (1545-1617) zurück, der seit 1573 Fürstbischof von Würzburg war. Schon sechs Jahre später war das Juliusspital erbaut: ein um einen Hof angeordneter, mächtiger Komplex im Renaissancestil und der erste moderne Hospitalbau dieser Größenordnung in Deutschland. Der Innenhof ist heute ein öffentlich zugänglicher Garten, ein Kleinod mitten in der Stadt. Zuvor wurde er auch als Arzneikräutergarten genutzt. Der bekannteste Mediziner, der am Juliusspital wirkte, war Rudolf Virchow: Der Entdecker des Erregers der Tuberkulose bekam 1905 den Nobelpreis.

Der Bocksbeutel

Julius Echters Überzeugung, dass nur regelmäßige Einnahmen mildtätiges Handeln ermöglicht, hat bis heute Bestand. Deshalb stattete Echter die Stiftung mit Ackerland, Wäldern und Weinbergen als wirtschaftliche Ertragsquellen aus. Eine Statue des Stifters findet man gegenüber dem Juliusspital direkt an der Juliuspromenade. Im Lauf der Zeit kamen weitere Geschäftsbereiche hinzu, etwa die Weinstuben, ein Hotel und Tagungszentrum sowie Immobilien. Das Juliusspital ist inzwischen Deutschlands zweitgrößtes Weingut und das größte Silvaner-Weingut weltweit. Bis heute werden die erwirtschafteten Gewinne für die Erfüllung des Stiftungsgedankens verwendet. So stellte das Juliusspital zuletzt auch Kriegs-

Lage Würzburger Stein

Julius- und ...

flüchtlingen aus der Ukraine rasch und unbürokratisch Wohnraum zur Verfügung.

Auch das Bürgerspital war und ist ein Haus für die Versorgung und Pflege von Alten, Armen und Kranken. Und es ist sogar noch älter als das Juliusspital: Schon 1316 wurde die Stiftung Bürgerspital zum Heiligen Geist von Johannes vom Steren, einem der angesehensten Bürger der Stadt, gegründet. Obgleich nichtkirchlich, war eine kirchliche Erlaubnis für den Betrieb erforderlich, die auch erteilt wurde. Am Anfang fanden jedoch nur gebürtige Würzburger Aufnahme.

Das Weingut kam schon 1319 dazu und gehört heute ebenfalls zu den bedeutendsten Weingütern in Deutschland mit einem der schönsten Holzfasskeller. Steillagen mit Steigungen bis zu 60 Prozent werden bewirtschaftet. Silvaner und Riesling machen etwa zwei Drittel der Erträge aus. „Wobei der Erlös aus jeder verkauften Flasche Wein dem Stiftungszweck zugutekommt“, sagt Weingutsdirektor Robert Haller.

... Bürgerspital

Architektonisch am eindrucksvollsten ist der Rote Bau von 1718, ein Erweiterungsgebäude mit Arkaden.

Eine gute Gelegenheit die Weine von Julius- und Bürgerspital sowie die Tropfen der anderen Würzburger Weingüter aller Qualitätsstufen zu kosten, ist die Weinparade zum Sommerende, bei der rund hundert ausschließlich Würzburger Weine ausgeschenkt werden, gepaart mit einem passenden Speisenangebot auf dem Würzburger Marktplatz.

Info

Lage: Würzburg liegt etwa auf halber Strecke zwischen Frankfurt/Main und Nürnberg. Juliusspital: Klinikstraße 1, 97070 Würzburg. Bürgerspital: Theaterstraße 19, 97070 Würzburg

Auskunft: Marktplatz 9, 97090 Würzburg, Tel. 0931 372398, *wuerzburg.de*

Aktivitäten: Kellerführungen, *juliusspital.de, buergerspital.de*

Event: *weinparade.de*

Restaurants:

- Juliusspital Weinstuben: fränkisches Hochzeitsessen vom Tafelspitz sowie beste Frankenweine; Juliuspromenade 19, 97070 Würzburg, Tel. 0931 54080, *weinstuben-juliusspital.de*
- Bürgerspital Restaurant: fränkische und moderne Küche, Küchenchef Alexander Wiesenegg arbeitete bei mehreren Sterne-Köchen. Theaterstraße 19, 97070 Würzburg, Tel. 0931 352880, *buergerspital-weinstuben.de*

Unterkunft:

- Würzburger Hof: historisches Haus von 1908, vier Sterne, Erbstücke neben Designer-Möbeln in 34 individuell eingerichteten Zimmern; Barbarossaplatz 2, 97070 Würzburg, Tel. 0931 53814, *hotel-wuerzburgerhof.de*

5 Röntgen-Gedächtnisstätte

DIE BERÜHMTEN STRAHLEN

Es war ein trister November-Freitagabend im Jahr 1895, als sich, wie Röntgen einmal bemerkte, „keine dienstbaren Geister mehr im Hause befanden“: Der damals 50-jährige Physik-Professor Wilhelm Conrad Röntgen machte an seinem Institut an der Universität Würzburg erneut Versuche mit neuentdeckten Elektronenstrahlen, als ihm ein Papier auffiel, das unter ultraviolettem Licht leuchtete. Wie so oft in der Wissenschaft war der Zufall mit von der Partie, als Röntgen die unsichtbare Strahlung entdeckte. Er nannte sie zunächst X-Strahlen, lenkte diese auf Fotoplatten und erhielt so die ersten Röntgenbilder: zunächst von einem Holzkasten, schließlich von der Hand seiner Frau, deren Ring um den Knochen herum zu schweben schien. Einige Physik-Kollegen glaubten an ein Märchen, andere schwärmten von einer fantastischen Zukunftsvision: Auf einmal konnte man Knochenverletzungen sehen, Fremdkörper aufspüren und Schnittbilder vom menschlichen Körper machen.

Im Land der Dichter und Denker wurde vieles erfunden: vom Buchdruck über die elektrische Straßenbahn bis zum Auto. Und Wilhelm Conrad Röntgen entdeckte in Würzburg die nach ihm benannten Strahlen. Ein Meilenstein in der modernen Medizin.

Die Röntgenaufnahmen des Deutschen gingen um die Welt. Die medizinische Anwendung war eine Revolution in der Diagnostik. Auf Jahrmärkten standen die Menschen aber auch Schlange, um den eigenen Körper im Röntgenlicht betrachten zu können. 1901 erhielt Röntgen für seine Entdeckung den ersten Nobelpreis für Physik. Insgesamt haben 14 Nobelpreisträger an der Julius-Maximilians-Universität Würzburg geforscht und gelehrt.

Entdeckungslabor

Über all das informiert die Röntgen-Gedächtnisstätte seine Besucher. Man sieht das Entdeckungslabor, ein altes Röntgengerät von 1912 sowie Urkunden und persönliche Gegenstände des Physikers. 50 Meter in Richtung Hauptbahnhof stößt man in einer kleinen Grünfläche neben dem Institutsgebäude, in dem Röntgen wirkte, auch auf das abstrakte Röntgen-Denkmal.

Info

Lage: Würzburg liegt zwischen Frankfurt/Main und Nürnberg. Röntgen-Gedächtnisstätte: Röntgenring 8, 97070 Würzburg

Auskunft: Marktplatz 9, 97090 Würzburg, Tel. 0931 372398, *wuerzburg.de*

Museum: *wilhelmconradroentgen.de*

Restaurant:

- Weinhaus Zum Stachel: fränkisches Traditionsgasthaus, 1319 erstmals erwähnt; Gressengasse 1, 97070 Würzburg, Tel. 0931 52770, *weinhaus-stachel.de*

Unterkunft:

- Hotel Regina: vis-à-vis vom Hauptbahnhof, 3-Sterne-Haus; Haugerring 1, 97070 Würzburg, Tel. 0931 322390, *hotel-regina-wuerzburg.de*

Rund um Würzburg

Fränkische Gemütlichkeit bei Veitshöchheim

Rund um Würzburg

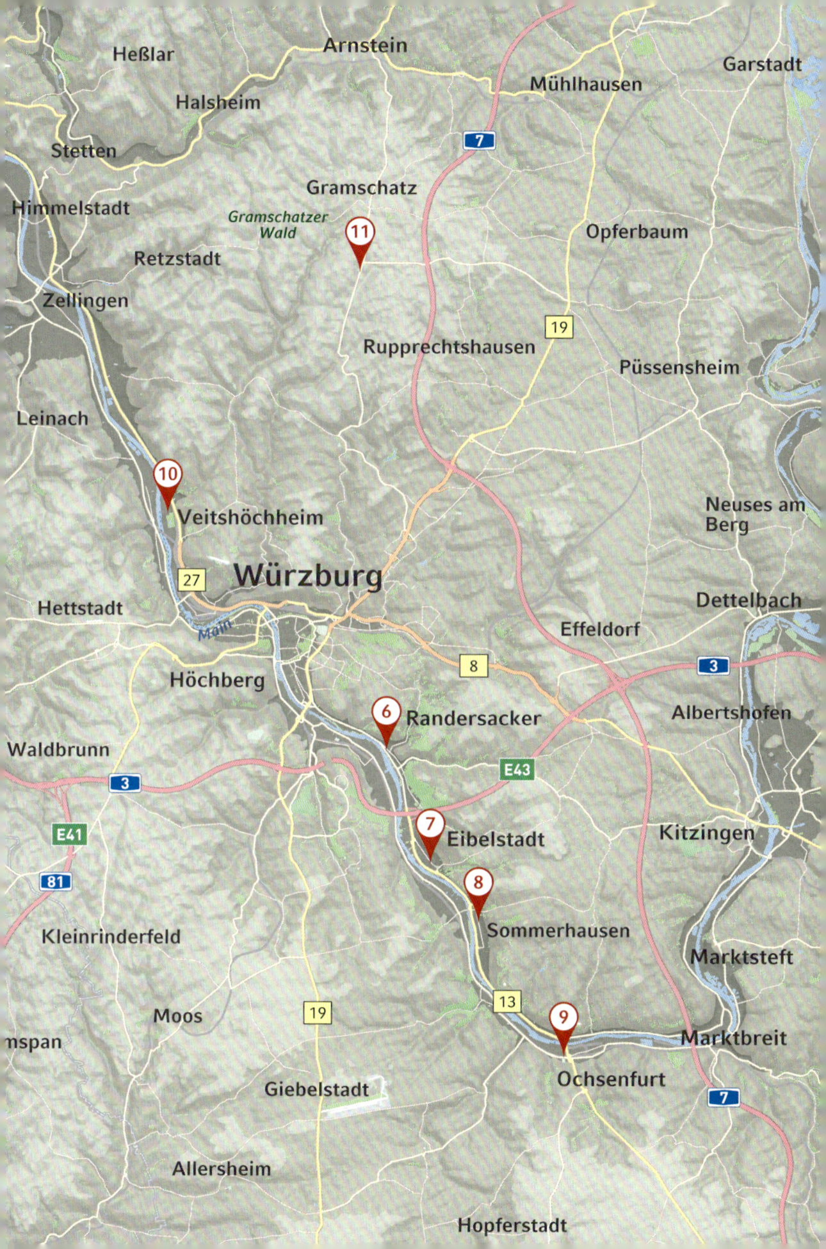
Arnstein
Heßlar
Halsheim
Mühlhausen
Garstadt
Stetten
7
Gramschatz
Himmelstadt
Gramschatzer Wald
11
Opferbaum
Retzstadt
Zellingen
19
Rupprechtshausen
Püssensheim
Leinach
10
Veitshöchheim
Neuses am Berg
Würzburg
27
Hettstadt
Dettelbach
Main
Effeldorf
8
3
Höchberg
6
Randersacker
Albertshofen
Waldbrunn
E43
3
7
Eibelstadt
Kitzingen
E41
81
8
Sommerhausen
Kleinrinderfeld
Marktsteft
13
Moos
19
9
Marktbreit
mspan
Ochsenfurt
7
Giebelstadt
Allersheim
Hopferstadt

6 Randersacker

BALTHASARS BADEWANNE

Eine goldene Badewanne auf Füßchen erwartet man in einem pompösen Schloss oder in einem historischen Museum, aber doch nicht auf einem Dorfplatz. Es sei denn, man befindet sich in Randersacker am Main. Der Dorfplatz dort heißt Place du Vouvray, benannt nach der Partnergemeinde in Frankreich. Und Balthasars güldene Badewanne wird permanent eingelassen, ist Teil des Brunnens, der dem Baumeister der Würzburger Fürstbischöfe gewidmet ist: Balthasar Neumann, dem Schöpfer der Residenz in Würzburg (siehe Tipp 3) und zahlreicher weiterer Bauten in Unterfranken. In Randersacker schuf der große Barockbaumeister einen kleinen Gartenpavillon an der heutigen Ortsdurchfahrt. Die goldene Badewanne ist exakt in Richtung Pavillon ausgerichtet. Der gilt als kleinstes Bauwerk Neumanns, entstand 1750 und ist bis heute im ursprünglichen Bestand erhalten. Alle Maßverhältnisse des Kleinods zeigen den Goldenen Schnitt. Hochzeiten, Lesungen und Weinproben finden darin statt.

Randersacker ist eines der typischen unterfränkischen Weindörfer mit fast so viel Weingütern und Weingaststätten wie Wohnhäusern. Ein schöner Radausflug, am Main entlang ab Würzburg, ist der ideale Zugang und ein Schoppen vom Pfülben ist Pflicht.

Im Prinzip besteht Randersacker aus einer Straße, der Ortsdurchfahrt mit Namen Würzburger Straße, an der sich alles abspielt, und dem Rathaus, in dem im Mittelalter die Ritter residierten und das deshalb Edelhof genannt wird. Ein Teil des Edelhofes gehörte einst auch Balthasar Neumann. Dazu kommen die Kirche St. Stephanus und vor allem die 17 Weingüter, die auf eine große Tradition zurückblicken: Seit 779 werden in und um Randersacker Reben kultiviert. Die bekannteste Lage ist der Pfülben, der Weinberg am nördlichen Ortsende. Und über der Weinlage Sonnenstuhl, südlich der Gemeinde, schaut man ins Maintal bis zur Würzburger Festung. Der Sonnenstuhlturm, umgangssprachlich auch Kartoffelturm genannt, wurde 1933 erbaut und trug zuerst den Namen Adolf-Hitler-Turm. Nach Würzburg sind es zehn Kilometer, die man mit dem Fahrrad direkt am Main abfahren kann.

Kunst am Dorfplatz

Info

Lage: Randersacker liegt im Landkreis Würzburg, etwa sechs Kilometer südlich der unterfränkischen Hauptstadt.

Auskunft: Maingasse 9, 97236 Randersacker, Tel. 0931 705317, *randersacker.de*

Aktivitäten: 60 Kilometer Weinbergwege

Weingüter: *randersacker.de/de/gaesteinfos/winzer-weingueter*

Restaurant:

- Randersackerer Weinstube: fränkische Küche, Weine vom Hof; Am Marsberg 4, 97236 Randersacker, Tel. 0931 709145, *weingut-schmachtenberger.de*

Unterkunft:

- Gasthof Bären: 3-Sterne-Hotel an Balthasars Badewanne; Würzburger Straße 6, 97236 Randersacker, Tel. 0931 70510, *baeren-randersacker.de*

7 Eibelstadt

LÜGEN HABEN KURZE BEINE

Obwohl genau in der Mitte der Flussstrecke des Mains gelegen und mit einer vollständig erhaltenen Stadtmauer bestückt, ist Eibelstadt am Main durch seine Lügensteine bekannt geworden, die nur scheinbar ein großer Fund waren …

1,4 Kilometer, die direkt ins späte Mittelalter führen: Die Stadtmauer in Eibelstadt ist noch vollständig erhalten, was auch für die zehn Türme gilt, unter denen der runde Kere-Turm von 1573 als Wahrzeichen der Stadt herausragt. Der Eulen-Turm und der fensterlose Neue Turm aus dem 17. Jahrhundert waren reine Wehrtürme. Der Henkerknechts-Turm und der Zieglers-Turm verraten schon im Namen, wen sie einst beherbergten, während der Weiße Turm auch heute noch bewohnt ist, wie drei weitere der ursprünglich 14 Türme, die an Liebhaber verpachtet sind, mit der Auflage, die Bauwerke zu erhalten. Im Seelhaus-Turm kann man sogar eine Ferienwohnung mieten. Den kuriosesten Turm freilich bietet die Pfarrkirche St. Nikolaus, an deren Hauptturm sich ein zweiter anschmiegt. Nicht davor, sondern vor dem Rathaus am Marktplatz zeigt sich golden die Mariensäule von 1658.

Schon 1434 erhielt Eibelstadt von Kaiser Sigismund die Stadtrechte zugesprochen. Der heutige Weinort, von dem ein Siebtel der Gemeindefläche Weinberge sind, liegt bei Kilometer 262 genau am Mittelpunkt des 524 Kilometer langen Mains. Er ist

Die Pfarrkirche

flächenmäßig die kleinste Stadt Bayerns, in der nur gut 3000 Einwohner leben. Zwei von ihnen hatten 1725 eine Idee, aus der heutzutage der Lügensteinweg kreiert wurde. In diesem Jahr wurden die Lügensteine gefunden: mehr als 2000 Fossilien aus Muschelkalk. Allerdings erwiesen sich diese schnell als Fälschungen. Es waren zwei Steinmetzgehilfen, die die künstlichen Versteinerungen herstellten, in den Weinbergen vergruben und einem Würzburger Professor gezielte Hinweise gaben – natürlich gegen gutes Geld, um ihm zu einen Sensationsfund zu verhelfen, der sich letztlich halt nur eine Lügengeschichte herausstellte. Details erfährt man entlang des fünf Kilometer langen Weges auf Infotafeln.

Lage: Eibelstadt liegt im Landkreis Würzburg, rund zehn Kilometer südlich der Kreisstadt.

Auskunft: Marktplatz 2, 97246 Eibelstadt, Tel. 09303 90610, *eibelstadt.de*

Einkaufen: Markt am Heumarkt, jeden Freitagnachmittag

Restaurant:

- Landgasthof Zur Mühle: einfache Gerichte, Terrasse, Wintergarten und nette Zimmer; Mühle 1, 97246 Eibelstadt, Tel. 09303 9849618, *muehle-mainblick.de*

Unterkunft:

- Seelhaus: drei schön eingerichtete Ferienwohnungen im historischen Stadtmauerturm; Unterer Graben 9, 97246 Eibelstadt, Tel. 09303 484, *seelhaus.de*

8 Sommerhausen

TOR, TURM UND THEATER

Ein Schauspieler, eine Schauspielerin, zwei Stühle auf einer winzigen Bühne und maximal 30 Zuschauer, die im Turm des Hauses sitzen: So kann man sich Theater in Sommerhausen vorstellen, im kleinen und feinen sowie ebenso bekannten Torturmtheater, das 1950 gegründet wurde. Lange Zeit war Schauspieler Veit Relin der Chef im TTT, brachte Ur- und Erstaufführungen auf seine Bühne, „Mutmacher-Stücke", wie er sagte. Nach seinem Tod hat Frau Angelika das Ruder übernommen: „Wir haben kein Bühnenbild, keinen Auftritt und kein Abgehen, keine Hinterbühne. Wir sind von drei Seiten von Zuschauern umgeben. Das ist eine der reinsten Formen, die du erst einmal überstehen musst als Schauspieler."

Im kleinen Sommerhausen darf man sich auf eine schöne Mischung aus Kultur und Weingenuss freuen. Besonders Veit Relin machte den Weinort am Main auch zu einem bekannten Theaterplatz, auch weil die dortige Bühne wirklich mini ist …

Zur Theaterkunst im Würzburger Tor kommen aber noch weitere Tore, Türme, schmucke Fachwerkhäuser wie das Alte Eich und vor allem auch Weingüter. So waren der Rote und der Blaue Turm, der seinen Namen wegen des bläulichen Schieferdachs hat, gefürchtet: Sie hatten ein Verlies, in dem verhängte Strafen

vollzogen wurden. Während im Flurersturm der Maler Carl Grossberg wohnte, ein Vertreter der Neuen Sachlichkeit. Das Ochsenfurter Tor überspannt – wie das Pendant nach Würzburg – die Straße nach Ochsenfurt. Das Rathaus zeigt sich mit markantem Treppengiebel und sogar ein kleines Schloss steht in Sommerhausen: das der Grafen von Rechteren-Limpurg-Speckfeld aus dem Jahr 1569. Das heutige Weingut hat sich auf ökologischen Weinanbau spezialisiert. Zehn weitere Winzer sind im Ort angesiedelt, bei Steinmann gibt es im Herbst auch Federweißer direkt vom Hof und eine Heckenwirtschaft. Am Aussichtspunkt an der Schnecke hat man einen schönen Blick auf die Weinberge und die gesamte Gemeinde.

Info

Lage: Sommerhausen liegt im Landkreis Würzburg, etwa 13 Kilometer südlich der Kreisstadt.

Auskunft: Hauptstraße 15, 97286 Sommerhausen, Tel. 09333 8256, *sommerhausen.de*

Aktivitäten: Ortsführung Türme und Wein, *weinerlebnis-sommerhausen.de*

Restaurant:

- Zum Goldenen Ochsen: fränkische Braten, Blaue Zipfel und Schäufele; Hauptstraße 24, 97286 Sommerhausen, Tel. 09333 203, *goldenen-ochsen.de*

Unterkunft:

- Sonnenhöfle: kreativ eingerichtete Zimmer; Hauptstraße 19, 97286 Sommerhausen, Tel. 09333 97170, *sonnenhoefle.de*

9 Ochsenfurt

DIE BIERSTADT IM WEINLAND

Die größte Stadt im Landkreis Würzburg markiert die südliche Spitze im Maindreieck. Die historische Altstadt wird von einer nahezu vollständigen Befestigungsanlage umschlossen und lag mit seiner „Ochsen-Furt" an wichtigen Handelswegen. Im Trachtenmuseum darf man historische Tracht auch mal anprobieren.

Ochsenfurter Türme

Die weltberühmte englische Universitätsstadt Oxford hat mit der charmanten unterfränkischen Kleinstadt Ochsenfurt eigentlich nichts zu tun. Außer der Namensgleichheit: Wurde in beiden Städten doch einst Vieh durch eine für sie begehbare Furt getrieben. Das Tratschweib, das keine Geheimnisse für sich behalten kann, erzählt davon, genauso wie der Maulaff, der ergänzt, dass Ochsenfurt deswegen als wichtig in der Nord-Süd-Verbindung in Europa galt. Das Tratschweib und der Maulaff sind Ochsenfurter Originale, die auf ihren Führungen kostümiert durch die Straßen und Gassen ziehen und dabei ihre Geschichten erzählen.

Wollte man Ochsenfurt auf einen Dreiklang reduzieren, wäre Stadtmauer, Fachwerk und Bier wohl am treffendsten. Bier? Im Weinland Unterfranken? Ja, denn es gibt gleich zwei Brauereien, was keine andere Weingemeinde in Unterfranken – abgesehen von Würzburg – von sich behaupten kann. Der Kastenhof in der Altstadt ist seit 1809 eine Bierbrauerei, wo auch das Kauzen-Bräu seine Wurzeln hat: „Unsere Gerste wächst auf den Feldern hinter der Brauerei. Der Hopfen kommt aus bayerischen Anbaugebieten und das Brauwasser aus dem eigenen Tiefbrunnnen", sagt Otto Resch, der Kauzen-Braumeister. Trotzdem machen auch fünf Ochsenfurter Winzer guten Wein in der Bierstadt. Zur bodenständigen fränkischen Küche passt schließlich beides hervorragend.

In Ochsenfurt geht man nicht an der Stadtmauer entlang, sondern auf der Stadtmauer, die in sehr gutem Zustand, fast vollständig erhalten ist und von sieben Türmen gekrönt wird, was die Bedeutung Ochsenfurts in früheren Zeiten zeigt: Starke

Der Taubenturm

Befestigungsanlagen hatten schließlich nur wichtige Handelsstädte. Der massive Baustein dafür, klotziger Quaderkalk, wurde aus den Brüchen der Umgebung gewonnen und vermittelt ein wenig den Eindruck von Uneinnehmbarkeit. Schon 1295 wurde Ochsenfurt als befestigte Stadt bezeichnet. Knapp hundert Jahre später entstand aber erst der erste Turm, der Pulverturm.

Die Turmwanderung beginnt an der Nordwestecke der Altstadt, an der ältesten und stärksten Befestigung aus den wuchtigen Steinquadern: beim Taubenturm mit seiner markanten welschen Haube. Man geht weiter in Richtung Süden zum Klingentor, wo der Stadtgraben auf efeubewachsene, aneinandergeschmiegte Häuschen trifft, die im Schutz der Stadtmauer Jahrhunderte überlebten. Schon von seiner Form her strahlt der Dicke Turm große Widerstandskraft aus, war er doch nicht nur Wehrturm, sondern auch Pulvermagazin. Mit seinen Mauern, mehr als einen Meter dick, galt er als kanonenfest, was jedoch nicht für den dahinterliegenden Nikolausturm galt, dessen Spuren des Beschusses aus dem Siebenjährigen Krieg deutlich zu sehen sind. Auch der Pulverturm in der Südostecke war Munitionslager, aber auch Gefängnis. Nebenan ragt der massive, fünfgeschossige Turm des Oberen Tores mit Kuppeldach in die Höhe, ehe man schließlich im Nordosten der Altstadt auf den runden Centturm mit Zeltdach trifft.

Fachwerkhäuser

Fachwerk gibt es innerhalb der Stadtmauern: Besonders schön ist die Fachwerkzeile in der Hauptstraße. Außerdem sollte man am Greisinghaus vorbei spazieren, in dem heute das Trachtenmuseum untergebracht ist. Selbst kostbare und prachtvolle Tracht darf man auch mal probieren im kleinen Anziehkämmerle. Nicht weit ist es zum Schlössle, das ursprünglich von einem Wassergraben umgeben war und in dem das Heimatmuseum zu finden ist. Dort kann man an den Außenmauern die Hochwasserstände des Mains ablesen. Schließlich bleiben noch das Wahrzeichen der Stadt, das Neue Rathaus aus dem 15. Jahrhundert mit einer bemerkenswerten Figuren- und Mondphasenuhr im Lanzentürmchen, sowie die Alte Mainbrücke, die als eine der längsten noch erhaltenen mittelalterlichen Steinbrücken gilt.

Info

Lage: Ochsenfurt liegt im Landkreis Würzburg, ca. 19 Kilometer südlich der Kreisstadt.

Auskunft: Hauptstraße 39, 97199 Ochsenfurt, Tel. 09331 5855, *ochsenfurt.de*

Aktivitäten:

- Stadtführungen mit Ochsenfurter Originalen (siehe Auskunft)
- Schifffahrt mit der Altstadtfähre „Nixe", *die-nixe.de*

Museen:

- Trachtenmuseum: Spitalgasse 13, 97199 Ochsenfurt
- Heimatmuseum im Schlössle: Brückenstraße 26, 97199 Ochsenfurt

Restaurant:

- Gasthof zum Schmied: Im denkmalgeschützten Fachwerkhaus von 1268 kann man bodenständig-fränkisch speisen und auch übernachten; Hauptstraße 67, 97199 Ochsenfurt, Tel. 09331 2438, *hotel-schmied.de*

Unterkunft:

- GoldGemäuer: Apartmenthotel in einem Haus aus dem 15. Jahrhundert, individuell und hochwertig eingerichtet; Obere Klingengasse 3, 97199 Ochsenfurt, Tel. 09331 7430, *goldgemaeuer.de*

10 Veitshöchheim

FRANKENS SCHÖNSTER GARTEN

Ein Schiff wird kommen ... In Veitshöchheim kommt es im Sommerhalbjahr sogar mehrmals täglich aus Würzburg. Und keine Frage: Es ist die schönste Art in dem 10.000-Einwohner-Ort an der Mainlände anzukommen und nicht über die B27. Noch dazu ist der Spaß günstig, wenngleich die sieben Kilometer lange Fahrt auf dem Main gefühlt etwas zu kurz ist (45 Minuten) und gerne etwas länger sein dürfte.

Main und Wein, Architektur und Kultur: Veitshöchheim bietet schon etwas mehr als den wunderbaren Rokokogarten der Würzburger Fürstbischöfe und die alljährlich im Fernsehen übertragene „Fastnacht in Franken“ aus den Mainfrankensälen. Schließlich ist man neuerdings sogar der Mittelpunkt der Europäischen Union ...

Die südländisch anmutende Uferpromenade ist, wenn man mit dem Ausflugsdampfer kommt, so etwas wie die Visitenkarte von Veitshöchheim: „Am Ufer angelten früher die Fischer und es plagten sich die Waschfrauen, bevor sie heimkehrten in ihre ärmlichen Behausungen. Die anschließende Fläche wurde genutzt zum Wäschebleichen und bestimmt auch für das ein oder andere Schwätzchen! Heute ist sie Flaniermeile, Ruheoase, Treffpunkt für Jung und Alt, Spielplatz. Die noch erhaltenen einstigen Fischerhütten von damals sind zeitgemäß renoviert. Aus ihnen sind kleine, schmucke Wohnhäuser geworden“, erzählt Jürgen Götz, der Bürgermeister.

Doch ein Ausflug nach Veitshöchheim hat natürlich einen besonderen, einen handfesten Grund. Und der heißt Rokokogarten. „Dem Leben am Fluss und der reizvollen Weinberg-Landschaft rundum konnte sich auch Fürstbischof von Dernbach nicht entziehen. Er ließ ab 1680 eine Residenz mitsamt Schlossgarten in Veitshöchheim errichten und reiste zur Sommerfrische meistens ganz bequem per Schiff an. Heute können unsere Gäste auf fürstbischöflichen Spuren wandeln und sich Mußestunden im Rokokogarten gönnen", berichtet Jürgen Götz weiter.

An der Mainlände

Mit dem Rad zum Biergarten

Zuvor als Jagdgelände und Fasanerie genutzt, gehört der absolutistische Lustgarten heute zu den schönsten seiner Art. 1749 bis 1753 vergrößerte Balthasar Neumann das Schloss, passte es durch Trakte an den Schmalseiten dem Zeitgeschmack an. Während aber im 19. Jahrhundert die prunkvollen Parks meist in naturnahe Englische Gärten verwandelt wurden, blieb der Veitshöchheimer Garten im Rokokostil erhalten: mit Alleen und heckenumsäumten Wegen, Lauben, Pavillons, Rondells und vor allem auch 300 Skulpturen bekannter Würzburger Hofbildhauer. Die Sandsteinfiguren stellen griechische Götter, heitere Menschen, Putten, Fabelwesen dar und sind jeweils den drei Regionen des Gartens zugeordnet: der Wald-, Lauben- und Seenregion.

Großer See im Hofgarten

Einer der Höhepunkte im Rokokogarten ist der Große See, in dessen Mitte der Musenberg Parnass thront, eine Skulpturengruppe aus Sandstein und künstlicher Felsenarchitektur, errichtet 1766. In der griechischen Mythologie gilt der Berg Parnass schließlich als Heimat der Musen.

Weil das Schloss der Fürstbischöfe nach der Säkularisation 1806 an den Würzburger Großherzog Ferdinand III. von Toscana fiel, verfügt das Schloss heute auch über die Toscanaräume mit seltenen Papiertapeten. Ab 1814 ging das Schloss in den Besitz der bayerischen Könige über und nach dem Ersten Weltkrieg fielen Sommerresidenz und Rokokogarten an den Freistaat Bayern.

Das Schloss

Doch das beschauliche Veitshöchheim hat noch ein paar weitere Sehenswürdigkeiten wie Kirchen und Kapellen, Galerien, das Jüdische Kulturmuseum und die Synagoge, die Eremitenmühle, eine ehemalige Wassermühle, oder den ehemaligen Bahnhof in unmittelbarer Nähe zum Rokokogarten, der als königlicher Residenzbahnhof diente. Dazu kommen kopfsteingepflasterte Gassen, herausgeputzte Gebäude und das bunt und aufwendig bemalte Fasnachtshaus im Altort. Trotz alldem steht alles letztlich doch im Schatten von Frankens schönstem Garten, der zwar gar nicht so groß ist, der einen aber gefangen nimmt.

Und wer schon immer mal im Mittelpunkt stehen wollte, sollte sich in den Ortsteil Gadheim aufmachen: Dort ist seit dem Austritt von Großbritannien 2020 die neue geografische Mitte der Europäischen Union. Bei der Ortsführung „Weingeschichten" gibt es auch ein Glas EU-Mittelpunkt-Wein.

Fasnachtshaus

Info

Lage: Veitshöchheim liegt im Landkreis Würzburg, etwa neun Kilometer nordwestlich der Kreisstadt.

Auskunft: Mainlände 1, 97209 Veitshöchheim, Tel. 0931 78090025, *veitshoechheim.de*

Aktivitäten:

- Schiffsfahrten, *mainschifffahrt.de*
- Schlossführungen, im Sommer samstags Vormittag
- Ortsführung „Weingeschichten"

Events:

- Historische Wasserspiele im Rokokogarten, im Sommer, tagsüber stündlich
- Buntes Faschingstreiben auf den Straßen am Rosenmontag und Faschingsdienstag

Museum: Jüdisches Museum, *jkm.veitshoechheim.de*

Restaurant:

- Fischerbärbel: Meefischli, kleine, frittierte Weißfische aus dem Main, und andere Flussfische; Mainlände 5, 97209 Veitshöchheim, Tel. 0931 91251, *fischerbaerbel.com*

Unterkunft:

- Spundloch: 16 moderne, freundliche Zimmer in einem Fachwerkhaus am Rokokogarten, gute Halbpension mit 3-Gänge-Wahlmenü; Kirchstraße 19, 97209 Veitshöchheim, Tel. 0931 900840, *spundloch.de*

11 Gramschatzer Wald

SINNESWANDELN

Der Pfad ist nur einen Kilometer lang. Aber er hat es in sich! Die Besucher machen dort das, was man eigentlich viel zu wenig macht im Leben: Man schärft die Sinne in wunderbarer Waldatmosphäre, denn der Erlebnispfad Sinneswandeln ermöglicht den Menschen den Zugang zu fünf Stationen – Tasten, Lauschen, Riechen, Schmecken und Sehen. Und wem die fünf erlebten Sinne noch nicht reichen, der kann im Gramschatzer Zahlenwald auf sieben Stationen und 700 Metern Zahlen und Formen im Wald entdecken, Tiere und Pflanzen kennenlernen.

Der Gramschatzer Wald ist durch seine Anschlussstelle an der A7 bekannt. Zeit, sich den Wald genauer anzuschauen und sich überraschen zu lassen. Durch Sinneserfahrung, Zahlensuchen und Fernmeldeturm, der 1972 zu den Olympischen Sommerspielen erbaut wurde.

Der Gramschatzer Wald ist ein geschlossenes Waldgebiet vor den Toren von Würzburg. Zunächst nahm sich jeder aus dem Wald, was er brauchen konnte. Doch schon im 13. Jahrhundert wurden Förster beschäftigt, um ungehinderten Raubbau zu verhindern. Es galt schließlich die Ansprüche der Bischöfe und Adeligen zu wahren. Schließlich ging es auch um die Jagdleidenschaft der Würzburger Bischöfe …

Jahrhundertelang war der Gramschatzer Wald von Laubbäumen geprägt, die sowohl als Brenn- als auch als Bauholz genutzt wurden.

Wald mit Motto

1574 verfügte Fürstbischof Julius Echter von Mespelbrunn in der Gramschatzer Waldordnung jedoch eine nachhaltige Laubholzwirtschaft. Die Waldstandsrevision von 1868 leitete den Übergang zum Hochwaldbetrieb auf ganzer Fläche ein. Neue Saaten führten zur verstärkten Einbringung von Nadelbäumen, die heute ein Fünftel des Bestands ausmachen. Doch allein Buchen und Eichen sind immer noch zwei Drittel aller Bäume im Gramschatzer Wald, den viele vielleicht nur von Verkehrsmeldungen im Radio kennen: Denn Gramschatzer Wald ist auch eine Ausfahrt an der A7, die durch den Wald verläuft. Den gleichen Namen trägt der 109 Meter hohe Fernmeldeturm Gramschatzer Wald bei Hilpertshausen. Der Stahlbetonturm wurde 1972 anlässlich der Olympischen Sommerspiele in München errichtet.

Info

Lage: Der Gramschatzer Wald liegt im Landkreis Würzburg, ca. zwölf Kilometer nördlich der Kreisstadt.

Auskunft: Einsiedel 1, 97222 Rimpar, zwischen Rimpar und Gramschatz, Tel. 0931 8010577000, *gramschatzer-wald.de*

Aktivitäten: 19 Wanderwege ab Walderlebniszentrum (siehe Auskunft)

Restaurant:

- Waldhaus Einsiedel: Biergarten am Walderlebniszentrum (Einsiedel 1, 97222 Rimpar, siehe Auskunft), nur im Sommer, Tel. 0931 73047297, *waldhaus-einsiedel.de*

Unterkunft:

- Goldener Hirschen: rustikale Zimmer, mit Gastwirtschaft; Arnsteiner Straße 1, 97222 Gramschatz, Tel. 09363 1744, *goldener-hirschen-gramschatz.de*

Schweinfurt
und Umgebung

Paddeln vor Schloss Mainberg in Schonungen

Schweinfurt und Umgebung

12. Schweinfurt: Kugellager und Kunst
13. Schonungen: sieben Buchten
14. Gerolzhofen: der Rohrstock an der Wand
15. Wipfeld: gemischter Satz

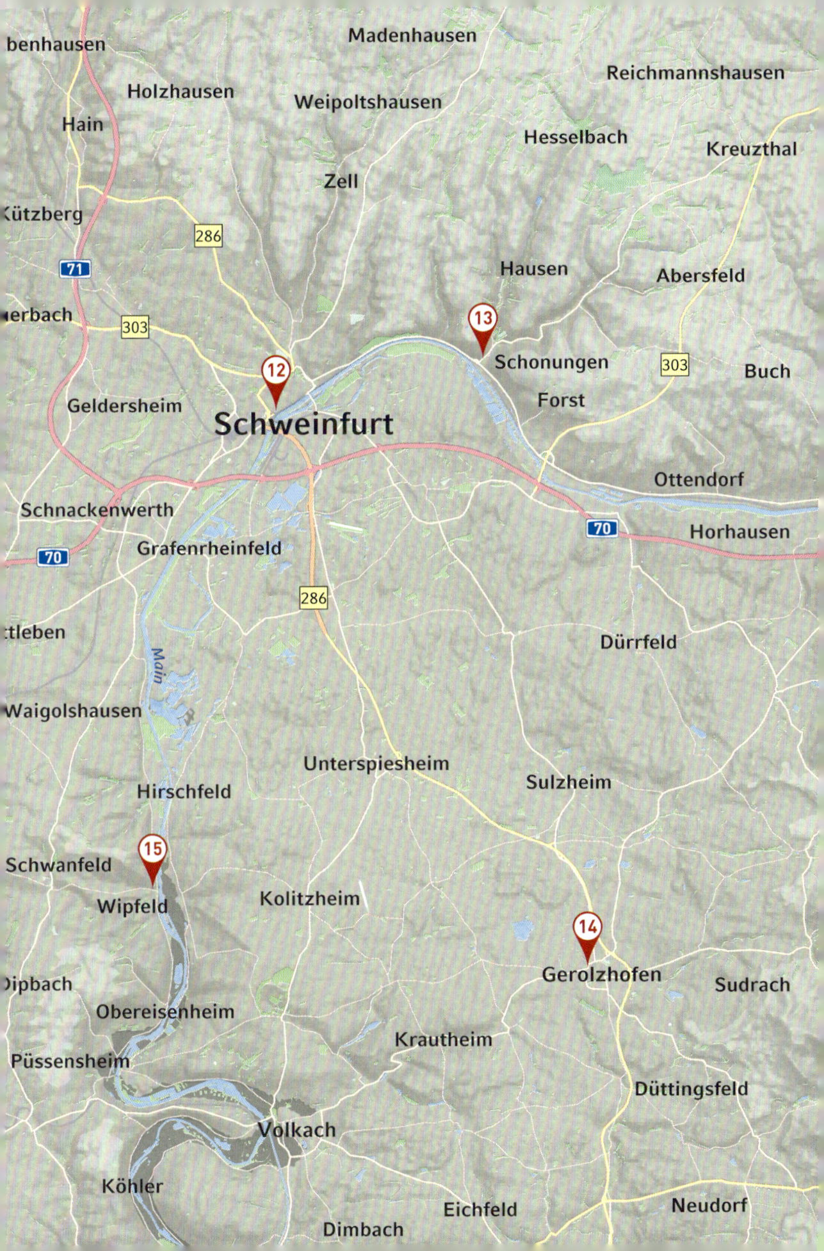
benhausen
Madenhausen
Reichmannshausen
Holzhausen
Weipoltshausen
Hain
Hesselbach
Kreuzthal
Zell
ützberg
286
71
Hausen
Abersfeld
erbach
303
13
12
Schonungen
303
Buch
Geldersheim
Forst
Schweinfurt
Ottendorf
Schnackenwerth
70
Horhausen
Grafenrheinfeld
70
286
tleben
Dürrfeld
Main
Waigolshausen
Unterspiesheim
Sulzheim
Hirschfeld
15
Schwanfeld
Wipfeld
Kolitzheim
14
Gerolzhofen
Sudrach
ipbach
Obereisenheim
Krautheim
Püssensheim
Düttingsfeld
Volkach
Köhler
Eichfeld
Neudorf
Dimbach

12 Schweinfurt

KUGELLAGER UND KUNST

Schweinfurt ist nicht einfach auf einen Nenner zu bekommen. Die Industriestadt, eng verknüpft mit dem Namen Sachs, kämpft mit dem Motto Industrie und Kunst gegen ihr mausgraues Image. Die Großindustrie bietet 22.000 Arbeitsplätze für 55.000 Einwohner. Schweinfurt war Gründungsort der Leopoldina und aus einer Schwimm- wurde eine bedeutende Kunsthalle ...

Das Rathaus

Sachs ist ein Name, den man bundesweit kennt. Vor allem natürlich wegen Gunter Sachs, dem Gentleman-Playboy der 1960er- und 70er-Jahre: Industriellenerbe, Fotograf, Kunstsammler, Lebenskünstler. Er war liiert mit der persischen Ex-Kaiserin Soraya und verheiratet mit Brigitte Bardot, immerhin drei Jahre lang von 1966 bis 1969. Er engagierte für seine damalige Turmwohnung in St. Moritz noch unbekannte Künstler: Der junge Roy Lichtenstein kümmerte sich ums Badezimmer und Andy Warhol machte sich an die Küche. Der Kunstkenner war letztlich auch ein Entdecker. Bis 2011, als er freiwillig aus dem Leben schied, weil er bei sich eine Alzheimer-Erkrankung vermutete und er den Verlauf keinesfalls miterleben wollte. Das sind die Seiten, die in den bunten Blättern stets als große Themen gespielt wurden.

Die Stadtmauer

Sachs ist aber auch der Name einer Weltmarke, wenn es um Kugellager, Fahrzeugmotoren, Kupplungen und Stoßdämpfer geht. Willy Sachs gründete 1895 „Fichtel & Sachs" in Schweinfurt, ehe Ernst Sachs, der Erfinder des Fahrrad-Freilaufs und der Rücktrittbremse, das Unternehmen übernahm.

Er war es auch, der anlässlich seines 60. Geburtstags der Stadt das Schweinfurter Volks- und Hallenschwimmbad schenkte: Gebaut hat das Ernst-Sachs-Bad Roderich Ficks von 1931 bis 1933. Er war später einer der Lieblingsarchitekten von Adolf Hitler. Allerdings führten die Luftangriffe im Zweiten Weltkrieg zu schweren Beschädigungen und zur zeitweiligen Schließung des Bades, das aber schon vier Jahre nach Kriegsende, nach aufwendiger Renovierung, wiedereröffnet werden konnte.

2004 kam es dennoch zum endgültigen Aus des Badebetriebs: Das Hallenbad verwandelte sich ins neue Domizil der städtischen Galerie und heißt seit 2009 Kunsthalle. Charakteristische architektonische Elemente blieben freilich erhalten: So finden in der großen Halle, die einst das Schwimmbecken beherbergte, Wechselausstellungen statt, die national durchaus Beachtung finden. Schwerpunkt ist „Die deutsche Kunst nach 1945", die seit 2019 als Dauerausstellung gezeigt wird. „Unter dem Motto Museum für alle möchten wir in der Kunsthalle Schweinfurt Kunst jedem

Die Kunsthalle

Menschen zugänglich machen", sagt Leiterin Andrea Brandl. Insgesamt stehen dafür knapp 2000 Quadratmeter Ausstellungsfläche zur Verfügung. Auch der vor ein paar Jahren initiierte Kultursommer macht auf dem Vorplatz der Kunsthalle mit Themen- oder Jazz-Abenden Station.

So kämpft Schweinfurt, im Dialekt „Schwäfert", 1200 Jahre alt, ehemalige Reichs- und heute wichtige Industriestadt, mit dem Motto Industrie und Kunst gegen ihr mausgraues Image. Wenn aber einer der drei Großkonzerne niest, dann hat die ganze Stadt Schnupfen – bis heute. Die drei Großen aus Schweinfurt sind „Fichtel & Sachs" (heute „ZF Friedrichshafen"), „Kugelfischer" (heute eine Marke der „Schaeffler-Gruppe") und „SKF", die alle drei zu den hundert größten Unternehmen Deutschlands zählen. Die Industriebetriebe liegen kompakt im Süden im Hafengebiet.

Schon 1780 begann die Industrialisierung in Schweinfurt, die seitdem keine Unterbrechung hatte. 1883 begann die großindustrielle Entwicklung durch Erfindung der Kugelschleifmaschine von Friedrich Fischer. Als erster Global Player ließ Ernst Sachs mit der Torpedo-Freilaufnabe 1903 weltweit eine Komponente patentieren, ohne die man kein modernes Fahrrad bauen kann. Und seit den 1930er-Jahren ist Schweinfurt das europäische Zentrum der Wälzlagerindustrie. In Schweinfurt entstand außerdem die Ferrari-Kupplung, mit der Michael Schumacher Formel-1-Weltmeister wurde. Das Walzenwehr-Denkmal zeigt die Kettenaufzugsvorrichtung des ersten Walzenwehrs der Welt aus dem Jahr 1903. Der Gedenkort für die Opfer der Zwangsarbeit im Zweiten Weltkrieg ist die Kehrseite der Medaille: ein drei Kilometer langer Weg zum ehemaligen Zwangsarbeiterlager von „Kugelfischer".

1652 wurde in Schweinfurt die Deutsche Akademie der Naturforscher „Leopoldina" von vier Ärzten gegründet und nach Kaiser Leopold I. benannt. Seit 1878 hat die älteste dauerhaft existierende naturforschende Akademie der Welt allerdings ihren Sitz in Halle/Saale.

In der Altstadt

Es gibt zwar keine Residenz und keinen Dom in Schweinfurt, aber Klinkerbauten der 1930er-Jahre, die das Bild der Altstadt bestimmen. Doch die Neue Sachlichkeit trifft auch immer wieder auf Renaissancegebäude wie das Alte Rathaus von 1572. Die Schranne wurde als Kornspeicher 1560 errichtet, das Zeughaus von 1591 mit 1,10 Meter dicken Mauern war Waffenarsenal. Der Schrotturm aus dem Jahr 1611 ist ein vorgelagerter Treppenturm eines Renaissance-Bürgerhauses. Klassizistisch gibt sich der Stadtbahnhof und die Prachtstraße der Stadt heißt Luitpoldstraße, während die Villen der Unternehmer am Kiliansberg zu finden sind. Als Wahrzeichen der Stadt gilt das Rückert-Denkmal von 1890 auf dem Markt: Es erinnert an den 1788 in Schweinfurt geborenen Dichter und Orientalisten Friedrich Rückert, von dem das Sprichwort stammt: „Nicht was du bist, ist, was dich ehrt. Wie du es bist, bestimmt deinen Wert."

Rückert-Denkmal

Wer sich mehr für Balthasar Neumann, den Erbauer des Weltkulturerbes Würzburger Residenz (siehe Tipp 3), interessiert, findet in der Schweinfurter Umgebung noch drei interessante Bauwerke des Barock- und Rokoko-Baumeisters: Im südwestlich gelegenen Werneck (16 Kilometer) ist das Schloss von 1744 hervorzuheben. Die dreiflügelige Anlage wird ergänzt durch Kirche und Garten. Heute ist darin eine Klinik untergebracht. Ebenfalls in Werneck baute Neumann zudem die typische Landkirche St. Jakobus und im nördlich von Werneck gelegenen Euerbach (elf Kilometer, nach Schweinfurt sind es nur sieben Kilometer) die Pfarrkirche St. Michael.

Info

Lage: Schweinfurt liegt ca. 40 Kilometer nordöstlich von Würzburg.

Auskunft: Markt 1, 97421 Schweinfurt, Tel. 09721 513600, *tourismus.schweinfurt.de*

Aktivitäten:

- Wildpark an den Eichen, kostenfrei zugänglicher Park mit 50 Tierarten, *www.schweinfurt.de/leben-freizeit/wildpark/index.html*
- *werneck.de*
- *euerbach.de*
- Chill-Treffpunkt, *stadtstrand-schweinfurt.de*

Event: *kultursommer-sw.de*

Museen:

- *kunsthalle-schweinfurt.de*
- Deutsche Kunst von 1760-1930, *museumgeorgschaefer.de*

Einkaufen: Einkaufscenter mit 75 Shops, *stadtgalerie-schweinfurt.de*

Restaurants:

- Kugelmühle: fine Dining von Ochsenbäckchen bis Loup de Mer; Georg-Schäfer-Straße 30, 97421 Schweinfurt, Tel. 09721 914702, *restaurant-kugelmuehle.de*
- Türmle: Weinstube mit Flammkuchen und Brotzeiten; Am Unteren Wall 1, 97421 Schweinfurt, Tel. 09721 3706600, *tuermle-sw.de*

Unterkünfte:

- Mercure: auf der Maininsel am Fluss gelegenes modernes 4-Sterne-Hotel mit großzügig geschnittenen Zimmern; Maininsel 10, 97424 Schweinfurt, Tel. 09721 73060, *all.accor.com/hotel/A8M4/index.de.shtml*
- Hotel Ross: familiengeführtes 4-Sterne-Hotel in vierter Generation mit 51 modernen Zimmern; Hohe Brückengasse 4, 97421 Schweinfurt, Tel. 09721 20010, *hotel-ross.de*

13 Schonungen

SIEBEN BUCHTEN

Ein Fluss und parallel dazu sieben Buchten: So etwas sieht man selten. Die Schonunger Buchten sind unterschiedlich groß und jede ist durch Uferdurchbrüche mit dem Main verbunden. Es gibt einen Badestrand, Wassersportmöglichkeiten und einen Campingplatz. Von der nördlichsten Bucht ist man mit dem Kanu nach einem Kilometer am Schloss Mainberg, dessen Bergfried aus dem 13. Jahrhundert stammt und wo sich, unten am Ufer, die Kanuanlegestelle befindet.

80 n. Chr. wurde bei Bauarbeiten ein sieben Meter langer Einbaum gefunden, der die frühe Besiedlung belegt. Heute bietet Schonungen sieben schöne Main-Buchten und aus der Kirche wurde ein Kulturraum. Ein Ausflug zu Unterfrankens größtem See rundet den Besuch ab.

Parallel am Nordufer des Mains verläuft das Landschaftsschutzgebiet Mainleite, ein Rückzugsgebiet verschiedener Tierarten. Vögel wie Flussregenpfeifer, Gartenrotschwanz, Halsbandschnäpper, Pirol und Wendehals, aber auch Fledermausarten haben dort einen sicheren Lebensraum gefunden. Dazu kommen Zauneidechsen, der Kleine Eisvogel und andere Falter. Einen schönen Blick auf Maintal und Mainleite sowie bis zum Steigerwald (siehe Tipp 50) hat man vom Kreuzberg aus.

Schonungens Wahrzeichen ist die Alte Dorfkirche, die 1858 nach dem großen Dorfbrand neu erbaut wurde und seitdem Generationen ans Herz gewachsen ist. Die Gemeinde hat in den letzten 20 Jahren darin den Kulturraum Alte Kirche realisiert: für Konzerte, Theater, Ausstellungen, Vorlesungen, Musical, Kabarett. Und sie kann für private Feierlichkeiten angemietet werden. Auch das Kleine Apothekenmuseum steht im Zeichen des Wandels, den die Apotheke Schonungen in den Jahren seit ihrer Gründung 1870 durchlaufen hat. Dazu gehört auch der Apothekergarten, in dem 140 unterschiedliche einheimische Arzneipflanzen gedeihen.

Die Schonunger Buchten

Ein schöner Ausflug führt zum zwölf Kilometer nördlich gelegenen Ellertshäuser See, der mit 33 Hektar Fläche immerhin der größte See in Unterfranken ist.

Info

Lage: Schonungen liegt im Landkreis Schweinfurt, etwa sechs Kilometer östlich der Kreisstadt.

Auskunft: Marktplatz 1, 97453 Schonungen, Tel. 09721 75700, *schonungen.de*

Aktivitäten: Baden, Wassersport

Museum: *apotheke-schonungen.de/ueber-uns/museum*

Restaurant:

- Brauerei Martin: fünf hausgemachte Biere, darunter der Festbock; Hausener-Haupt-Straße 5, 97453 Schonungen/Hausen, Tel. 09727 403011, *brauerei-martin.de*

Unterkunft:

- Martins Hotel: sieben moderne Zimmer mit viel Holz, Grundstraße 7, 97453 Mainberg, Tel. 09721 9908069, *martinshotel.de*

14 Gerolzhofen

DER ROHRSTOCK AN DER WAND

Gerolzhofen stand nie im Zentrum oder hatte eine besondere wirtschaftliche Bedeutung, aber bietet dennoch einiges. Sagen, die im Wald angesiedelt sind, Geister, die darin wohnen. Außerdem Museen mit historischem Klassenzimmer und einer Bierkrugsammlung.

Er war ein Geist, der im Wald lebte und die Menschen verführte. Manche beschrieben ihn mit spitzem Hut, als sei er eine Hexe. Heute ist der Gerolzhöfer Waldpöpel ein verkleideter Gästeführer, der Touristen in die örtliche Sagenwelt entführt, in der es um Schwüre, Dreistigkeit, Bestechung und Seelenfrieden geht. Mit Witz und Raffinesse erkunden die Waldpöpel-Gruppen die historische Stadt, müssen knifflige Aufgaben lösen und werden vom Zauber der vergangenen Tage gefangen genommen.

Im Stadtmuseum geht dagegen alles ein wenig trockener, jedoch nicht weniger anschaulich zu: Das Erste Bayerische Schulmuseum zeigt, wie ein Klassenzimmer einer Dorfschule im ausgehenden 19. Jahrhundert aussah: knarrende Schulbänke für 30 Kinder, das erhöhte Holzpodest des Lehrers, bestückt mit

Im Schulmuseum

Marktplatz mit Steigerwalddom

einem alten Globus und dem nicht wegzudenkenden Rohrstock. Der Geruch des Bodenwachses liegt in der Luft und es scheint, als wäre die Zeit stehen geblieben und der strenge Herr Oberlehrer habe nur kurz mal das Klassenzimmer verlassen. Das Stadtmuseum zeigt aber auch die Geschichte des Nähens und der Nähmaschine. Und im Bierkrugmuseum sind rund 3000 Tonbierkrüge aus mehr als hundert Jahren Brauereikultur aus dem fränkischen und bayerischen Raum ausgestellt.

Der Marktbrunnen

Gerolzhofen, 1345 erstmals als Stadt erwähnt, hatte zwar nie eine besondere wirtschaftliche Bedeutung, verfügte aber dennoch über zwei Mauerringe zur Verteidigung und zwei Schlösser. Am Marktplatz erkennt man gut das stark mittelalterlich geprägte Stadtbild, auch Teile der Stadtmauer sind noch vorhanden sowie zehn Türme der Verteidigungsanlage. 1475 wurde das Rathaus mit seinen markanten gotischen Treppengiebeln erbaut. Und die Pfarrkirche Hl. Maria vom Rosenkranz von 1479 wird mit ihrem Doppelturm auch als Steigerwalddom bezeichnet. Sie beherbergt eine vier Meter hohe gotische Madonna.

Das Rathaus

Info

Lage: Gerolzhofen liegt im Landkreis Schweinfurt, ca. 22 Kilometer südlich der Kreisstadt.

Auskunft: Marktplatz 20, 97447 Gerolzhofen, Tel. 09382 903512, *gerolzhofen.de*

Aktivitäten: *gerolzhofen.de/waldpoepeltour.html*

Museum: *bierkrugmuseum-geo.de*

Restaurant:

- Brauerei-Gasthof Weinig: deftig Fränkisches, eigenes Bier; Rügshöfer Straße 5, 97447 Gerolzhofen, Tel. 09382 1024, *brauerei-weinig.de*

Unterkunft:

- Gasthof Tor zum Steigerwald: hübsche Zimmer, zum Teil mit Dachschrägen; Dingolshäuser Straße 1, 97447 Gerolzhofen, Tel. 09382 974652, *tor-zum-steigerwald.de*

15 Wipfeld

GEMISCHTER SATZ

Ein historischer Ort – schon um 900 erstmals erwähnt – und ein Weinberg mit großem Namen: Das ist Wipfeld und sein Zehntgraf mit Silvaner und Müller-Thurgau, Kerner und Scheurebe. Auf dem 22 Stationen umfassenden Celtis-Rundweg kann man den Ort erkunden.

Der Zehntgraf gehört zu den besten Lagen im unterfränkischen Weinland. Von diesem Hang kommen edle Tropfen, ob von klassisch-fränkischen Reben wie Silvaner oder Müller-Thurgau, Kerner oder Scheurebe, aber auch feine Spätburgunder oder Pinot Noir gedeihen an Wipfelds berühmtem Weinberg. Den man begehen kann: Der Zehntgrafen-Weinweg ist gut drei Kilometer lang und erklärt anhand von Informationstafeln die angebauten Rebsorten, parallel wachsende Wildpflanzen, aber auch die unterschiedlichen Arbeiten im Weinbergsjahr.

Vom historischen Weinberg sollte man unbedingt einmal einen gemischten Satz probieren. Die in Franken typische Anbaumethode sollte Witterungsumschwünge abfedern und die durch Frost, Pilz- und Schädlingsbefall bedingten Ausfälle bei der ein oder anderen Rebsorte kompensieren. Aus den unterschiedlichen Trauben der zehn Hauptrebsorten erhält der Winzer einen im Holzfass ausgebauten und in Ruhe gereiften Wein mit würziger Note. Bemerkenswert: Der Anbau ist seit 1723 nahezu unverändert.

Das wussten ganz bestimmt auch die Benediktiner, die um 1900 in Wipfeld ein Kloster gründeten. Deutlich älter ist Schloss Klingenberg, das bereits 1279 erstmals urkundlich erwähnt wurde. Die hohen mittelalterlichen Gebäude mit Stufengiebel liegen auf einem Höhenzug südlich von Wipfeld. Das Schloss befindet sich in Privatbesitz.

Giebel, Kirche, Weinberg

Das kleine, eigenständige Winzerdorf mit heute gut tausend Einwohnern wurde schon 918 erstmals erwähnt. Es lässt sich am besten entlang des historischen, 22 Stationen umfassenden Celtis-Rundwegs erkunden. Der gesamte Grundriss des Wipfelder Altortes aus der Zeit vor 1600 ist fast unverändert. Hofstellen, Gartenflächen, Wege und Plätze sind aufgeteilt wie einst. Der Spazierweg ist dem berühmtesten Sohn des Dorfs, dem Humanisten und Dichter Conrad Celtis (1459-1508), gewidmet.

Info

Lage: Wipfeld liegt im Landkreis Schweinfurt, ca. 17 Kilometer südlich der Kreisstadt.

Auskunft: Rathausplatz 6, 97537 Wipfeld-Schwanfeld, Tel. 09384 97300, *wipfeld.de.de*

Aktivitäten: Zehntgraf- und Celtis-Rundwege

Restaurant:

- Anker-Stube: große Karte mit Süßwasserfischen, aber auch Kalbskopf und Schnitzel; Mainstraße 3, 97537 Wipfeld, Tel. 09384 903790, *ankerstube.net*

Unterkunft:

- Gästehaus Zehntgraf: sechs Zimmer im 1960er-Jahre-Stil; Zur Mainfähre 2, 97537 Wipfeld, Tel. 09384 8817950, *zehntgraf.de*

Region Aschaffenburg

Die mächtige Johannisburg von Aschaffenburg

Region Aschaffenburg

16. Aschaffenburg: „der Ascheberscher Arsch"
17. Aschaffenburg: die Geschichte vom Maulaff
18. Alzenau: das Alz in der Suppe
19. Spessart: Wo die Büchse knallt
20. Mespelbrunn: echte Ritter-Romantik

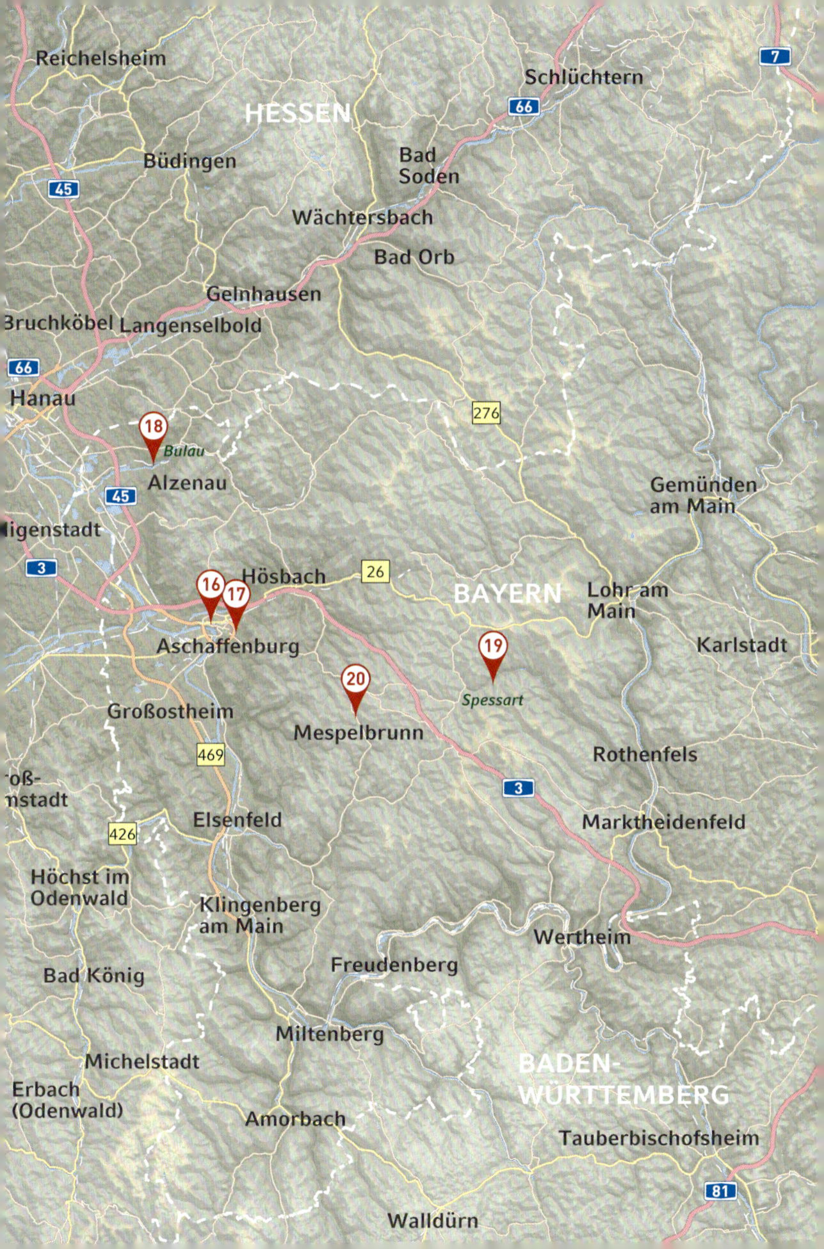

Reichelsheim
HESSEN
Schlüchtern
7
66
Büdingen
Bad Soden
45
Wächtersbach
Bad Orb
Gelnhausen
Bruchköbel
Langenselbold
66
Hanau
276
18
Bulau
Alzenau
45
Gemünden am Main
igenstadt
3
16
17
Hösbach
26
BAYERN
Lohr am Main
Aschaffenburg
19
Karlstadt
20
Spessart
Großostheim
Mespelbrunn
469
Rothenfels
roß-
nstadt
3
Elsenfeld
Marktheidenfeld
426
Höchst im Odenwald
Klingenberg am Main
Wertheim
Freudenberg
Bad König
Miltenberg
Michelstadt
BADEN-WÜRTTEMBERG
Erbach (Odenwald)
Amorbach
Tauberbischofsheim
81
Walldürn

16 Aschaffenburg

„DER ASCHEBERSCHER ARSCH“

Die Sieben ist die natürliche Zahl zwischen Sechs und Acht. Sie ist ungerade und eine Primzahl, sagt die Mathematik. Doch gibt es da nicht jenseits mathematischer Definitionen auch die magische Sieben? Die sieben Sakramente, Todsünden, fetten und mageren Jahre? Nicht zu vergessen die sieben Weltwunder …? Laut „Brockhaus“ gilt die Sieben sogar „seit alters als die heilige Zahl schlechthin“.

New York hat seine Freiheitsstatue, Paris den Eiffelturm, Berlin sein Brandenburger Tor und Frankens Metropole Nürnberg die Kaiserburg: Meist genügt ein Wahrzeichen als Symbol für eine Stadt. In Aschaffenburg ist das anders: Unterfrankens zweitgrößte Stadt hatte im Lauf der Zeit sieben Wahrzeichen!

In der 70.000-Einwohner-Stadt Aschaffenburg ist die Erklärung für sieben Wahrzeichen banal: Sie sind im Laufe der Jahrhunderte eines nach dem anderen verschwunden. Nur das vierte und siebte existiert bis heute: das Schloss Johannisburg und der „Ascheberscher Arsch“.

Beginnen wir mit dem ersten Wahrzeichen: Zwei 1574 gepflanzte und im Laufe der Zeit auf knapp 40 Meter kerzengerade hochgewachsene Linden prägten einst die Silhouette der damaligen Stadt. Sie überragten sogar die Kirche, die heutige Stiftskirche, die übrigens als einzige weltweit dem Heiligen Petrus und Alexander geweiht ist. Doch 1811 fiel die erste Linde einem Sturm zum Opfer und 30 Jahre später auch die zweite während eines Herbststurms.

Das zweite Wahrzeichen wurde von Menschenhand erbaut: Die Burgmühle stand in 17. Jahrhundert am zwölf Meter herabstürzenden Röderbach und hatte ein mächtiges Mühlenrad, doch das 18. Jahrhundert überlebte sie nicht.

Altstadtgasse

Auch das dritte Wahrzeichen war ein Menschenwerk, 1750 geschaffen von einem Aschaffenburger Kunstschmied: Auf seine am Sandturm angebrachte Monduhr waren die Aschaffenburger mächtig stolz. Schließlich drehte sich unter dem Ziffernblatt eine halb schwarze, halb vergoldete Kugel, die die Mondphasen darstellte.

Das vierte Wahrzeichen ist bis heute zu bewundern: Mit dem Bau des Schlosses Johannisburg 1605 bis 1614 erweiterte sich die Liste der Wahrzeichen in geradezu monumentaler Form. Der mächtige Bau thront über dem Main mit vier jeweils 52 Meter hohen Türmen (siehe Tipp 17).

Aschaffenburgs größtes Wahrzeichen

Das fünfte Wahrzeichen war dagegen einer unangenehmen Begegnung im Wald geschuldet: Der Mainzer Erzbischof und Kurfürst Anselm Franz von Ingelheim wurde 1680 während einer Jagd im Spessart von einem Eber angegriffen. Sein Leibarzt ging beherzt dazwischen, konnte Ingelheim vielleicht sogar das Leben retten. Und der mit einem Spieß durchbohrte Eberkopf wurde im Torgang des Schlosses zur allgemeinen Besichtigung ausgestellt.

Das sechste Wahrzeichen geht auf eine Legende zurück: Mit der riesigen Pflugschar, die an dem alten Schlossturm hing, sollen Riesen das Mainbett ausgegraben haben. Eine beim Schlossbau ausgegrabene Rippe eines Riesen ergänzte das Wahrzeichen Nummer sechs wirkungsvoll. Tatsache war: Das Eisenwerk Laufach hatte 1775 die mächtige Pflugschar dem Erzbischof und Kurfürsten Carl Theodor von Dalberg als Zeichen der Wertschätzung verehrt. Die Rippe freilich stammte vom einem ausgegrabenen Mammut. Nur leider gilt auch in diesem Fall: Pflugschar und Rippe sind verschwunden.

Ein siebtes Wahrzeichen sollte es dann letztlich auch noch sein: Die magische Sieben, die Glückszahl Sieben musste für das siebte Aschaffenburger Wahrzeichen Pate stehen. Es wurde lange danach gesucht, bis endlich einer einen Fund machte und eine Idee hatte: Er führte den Magistrat an den Standplatz des neuen Wahrzeichens, zur Mauer an den Schlossberg. Und dort fand sich die steinerne Wiedergabe eines nacktes Körperteils, das auszusprechen nicht als vornehm gilt: Der „Ascheberscher Arsch" sind zwei wohlgeformte Vertiefungen in der Bundsandsteinmauer Am Schlossberg, die an ein menschliches Hinterteil erinnern. Heutzutage gibt es den „Ascheberscher Arsch" aber auch in der Metzgerei als hausgemachten geräucherten Preßack oder wahlweise beim Konditor als Marzipan in AA-Form ...

Info

Lage: Aschaffenburg liegt etwa 40 Kilometer südöstlich von Frankfurt/Main.

Auskunft: Schlossplatz 1, 63739 Aschaffenburg, Tel. 06021 395800, *info-aschaffenburg.de*

Aktivitäten: Schiffsfahrten mainabwärts bis Frankfurt und mainaufwärts bis Wertheim, *aschaffenburg.personenschiffe.de*

Einkaufen: „City-Galerie", mit mehr als 70 Geschäften eines der größten innerstädtischen Einkaufszentren im Rhein-Main-Gebiet, *city-galerie.de*

Museum: Stiftsmuseum, Kunst von Mittelalter bis Renaissance, *museen-aschaffenburg.de*

Restaurant:

- BierSepp: Donnerstag und Samstag gibt es Hax'n mit Knödel; Schlossgasse 10, 63739 Aschaffenburg, Tel. 06021 4942460, *biersepp-ab.de*

Unterkunft:

- Wilder Mann: moderne Zimmer, gut ausgestattet, Restaurant, Sauna, Dampfbad; Löherstraße 51, 63739 Aschaffenburg Tel. 06021 3020, *hotel-wilder-mann.de*

17 Aschaffenburg

DIE GESCHICHTE VOM MAULAFF

Mit weit aufgerissenem Mund, mit Hut und Rock, Weste und Lederhose, Wadenstrümpfen, Schnallenschuhen und einem langen Stock steht er da: Der Maulaff ist eine fast lebensgroße Holzfigur, eine karikierende Darstellung eines Spessart-Bauern in Tracht um 1780. Zu dieser Zeit diente der Maulaff der Kurfürstlichen Hofgesellschaft zur Belustigung. Die Herrschaften versuchten Kugeln in sein weit geöffnetes Maul zu werfen, die – falls sie getroffen hatten – durch eine Röhre an der Rückseite der Figur wieder heraus rollten.

So romantisch Mespelbrunn ist: Wenn es um das größte und mächtigste Schloss im Spessart geht, führt der Weg nach Aschaffenburg. Die Johannisburg ließ kein Ritter, sondern ein Kurfürst erbauen: aus rotem Buntsandstein, direkt über dem Main. Es ist heute das Schlossmuseum mit der bedeutendsten Lucas-Cranach-Sammlung weltweit.

Zur Berühmtheit brachte es der Maulaff aber erst knapp 200 Jahre später: Der Fasnachter Günter Kolb schlüpfte 1952 zum ersten Mal bei den Sitzungen des Carneval Clubs Concordia in die Figur des Maulaffs. Wie das Vorbild, das ja das Maul weit aufreißt, nahm der „Ascheberscher Maulaff" von nun an jedes Jahr die Aschaffenburger Politiker und ihr Umfeld unter die Lupe und auf die Schippe. Er monierte und prangerte an, er deckte auf und stellte Forderungen. Die Sympathien waren ihm gewiss. Mehr noch: Der

Maulaff wurde zum echten „Ascheberscher" ...

Tor, Turm, Schloss

Das Schloss Johannisburg, in dem der original Maulaff bis heute steht, wurde in neun Jahren bis 1614 erbaut und gehört zu den schönsten Bauten der deutschen Renaissance. Monumental thront es leicht erhöht über dem Mainufer, fast quadratisch und symmetrisch mit den Außenmaßen von 87 mal 86 Metern sowie mit vier Flügeln und vier jeweils 52 Meter hohen Türmen. Kurfürst und Kurerzbischof Johann Schweikard von Cronberg war der Auftraggeber. Von der mittelalterlichen Vorgängerburg wurde nur der Bergfried als fünfter Turm übernommen. Im Ostturm ist seit 1969 ein Glockenspiel mit 48 Glocken installiert, das dreimal täglich erklingt.

Im Schlossmuseum warten nicht nur der Maulaff, sondern auch großartige Kunstwerke auf neugierige Besucher. Besonders wichtig sind die Arbeiten von Lucas Cranach d. Ä.: Er gehörte zu den wirkungsvollsten Künstlern der Renaissance und die Cranach-Sammlung im Schloss gilt als die bedeutendste in Europa.

Eine Besonderheit ist auch die weltweit größte Sammlung von aus Kork angefertigten Architekturmodellen. 54 Nachbildungen aus dem antiken Rom wie das Kolosseum, das Pantheon, die Tri-

Die Löwenapotheke

umphbögen der Kaiser Titus, Septimius Severus und Konstantin oder die Porta Maggiore haben der Hofkonditor Carl May und dessen Sohn Georg zwischen 1792 und 1854 gebaut. Kork erwies sich als bestens geeignet, um die verwitterten Steinoberflächen der jahrhundertealten Bauwerke zu imitieren. Das Maysche Kolosseum ist mit drei Metern Durchmesser das größte Korkmodell der Welt.

Der ehemalige Zweitsitz der Kurfürsten von Mainz beheimatet zudem die 22.000 Bände umfassende Hofbibliothek, in der unter anderem eine der sehr wertvollen Gutenberg-Bibeln aufbewahrt ist. 2019 wurde eine Bibel aus der Gutenbergschen Druckerpresse versteigert und erzielte einen Erlös von knapp einer Million Euro!

Seit 1972 befindet sich ein Teil der städtischen Sammlungen im Schloss. Zu Stadtansichten, Keramiken und Porzellan gesellen sich auch Werke der klassischen Moderne von Ernst Ludwig Kirchner und Christian Schad. Beiden Künstlern wurde zudem jeweils ein eigenes Museum gewidmet. Im Christian Schad

Museum sieht man die weltweit größte Sammlung mit Werken von einem der bedeutendsten deutschen Protagonisten der Moderne, der mehrere Jahre in Aschaffenburg lebte und arbeitete. Schad gilt als Leitfigur der Neuen Sachlichkeit der 1920er-Jahre, während der in Aschaffenburg geborene Kirchner zu den wichtigsten Vertretern des Expressionismus zählt.

Das Pompejanum liegt unweit des Schlosses und ist durch den Schlossgarten mit ihm verbunden. Marmorskulpturen, Kleinbronzen und zwei marmorne Götterthrone sind in der Nachbildung eines römischen Wohnhauses zu sehen. Es wurde im Auftrag von König Ludwig I. bis 1848 erbaut. Ludwig ließ sich von Ausgrabungen in Pompeji inspirieren und wollte den Bewohnern der Stadt das Studium der römischen Kultur ermöglichen. Für die prachtvolle Ausmalung der Innenräume und für die Mosaikfußböden wurden antike Vorbilder kopiert. Seit 1994 sind zusätzlich original römische Kunstwerke der Staatlichen Antikensammlungen und der Glyptothek in München zu sehen. Im Garten entstand ergänzend eine mediterrane Ideallandschaft mit Feigen, Mandelbäumen und Weinreben.

Das Pompejanum

Aus der Residenzstadt Aschaffenburg wurde im 21. Jahrhundert ein zentral gelegener Industriestandort mit Lebensqualität. Die Innenstadt wird umschlossen vom Kurmainzer-, Wittelsbacher- und Hohenzollernring, zeigt sich historisch mit Schloss und Fachwerk, aber auch modern mit der Stadthalle, einem Zweckbau aus Glas und Leichtmetall. Das Stadttheater besitzt einen der schönsten klassizistischen Zuschauerräume in Süddeutschland. Gegeben wird Klassisches und Modernes, Kabarett, Konzert und Tanztheater. Die Aschaffenburger Kulturtage bieten Musik, Open-Air-Kino, Kleinkunst, Kinderkultur. Und in der Kunsthalle Jesuitenkirche wird seit 1990 Klassische Moderne ausgestellt.

Stiftsbrunnen und -kirche

Mit 20.000 Quadratmetern Rasenfläche ist die Großmutterwiese der Spielplatz der Stadt, mit Liegeflächen, Ballspiel- und Bouleplätzen. Man lustwandelt im Park Schönbusch wie einst die höfische Gesellschaft, bummelt an der Mainpromenade entlang oder nimmt den Mainradweg. Im Frühling blühen die Magnolien und im Sommer kann man, abgesehen von den Freibädern, auch an den Badesee Niedernberg zum Schwimmen und Sonnenbaden fahren, erreichbar in nur 15 Autominuten. Außerdem ist man von „Aschebersch", dem bayerischen Tor nach Hessen, schnell im schönen Spessart und Odenwald sowie über die A3 in weniger als einer Stunde in Frankfurt oder Würzburg.

Info

Lage: Aschaffenburg liegt etwa 40 Kilometer südöstlich von Frankfurt/Main.

Auskunft: Schlossplatz 1, 63739 Aschaffenburg, Tel. 06021 395800, *info-aschaffenburg.de*

Aktivitäten: Mainradweg, Fahrradmiete: *callabike.de*

Event: *aschaffenburger-kulturtage.de*

Museum:

- Schlossmuseum, Kunsthalle Jesuitenkirche, Naturwissenschaftliches Museum u. a, *museen-aschaffenburg.de*
- Pompejanum, *schloesser.bayern.de*
- *kirchnerhaus.com*
- *christian-schad-museum.de*

Restaurant:

- Oechsle: prima Gans! Festtagsbraten auf Vorbestellung, gehobene Küche, gehobene Preise, auch schöne Zimmer; Karlstraße 16, 63739 Aschaffenburg Tel. 06021 23132, *zumgoldenenochsen.de*

Unterkünfte:

- Altes Sudhaus: historisches, aus Klinkersteinen gebautes Gebäude mit zweckmäßig eingerichteten Zimmern mit Parkettböden; Schweinheimer Straße 117, 63743 Aschaffenburg, Tel. 06021 6286261, *hotelaltessudhaus.de*
- Seehotel: zehn Kilometer südlich von Aschaffenburg, solides 4-Sterne-Haus, gutes Restaurant, Ruhe, Wellness mit Blockhaussauna, Pool und Privatstrand am See; Leerweg, 63843 Niedernberg, Tel. 06028 9990, *seehotel-niedernberg.de*

18 Alzenau

DAS ALZ IN DER SUPPE

In den Rathäusern dieser Welt wird ja oft großes Theater gespielt, vor allem wenn es um das Budget fürs Stadtsäckel oder Pöstchen geht. In Alzenau, der nordwestlichsten Stadt Bayerns, gibt man sich mit kleinem Theater zufrieden und die Bürger leben höchstvergnüglich damit. Denn „Das Kleine Theater im Rathaus" gibt Stücke wie „Männer und andere Irrtümer". Die Helden sind in jedem Fall die Schauspieler und nicht die Stadträte …

Einmal das Sonnensystem abschreiten? Im Maßstab 1:2 Milliarden ist das möglich: Die Erde hat dabei einen Durchmesser von 50 Millimetern. Man kann aber auch nur vom Ludwigsturm auf „ein schönes Stückchen deutscher Erde" blicken, wie König Ludwig I. meinte.

Auch auf der Burg aus dem 15. Jahrhundert stehen „Agatha Christie" oder „Der Zauberer von Oz" auf dem Programm des alljährlichen Kultursommers. Es gibt die Burgfestspiele und Fränkischen Musiktage. Nur im Alltag geht es ernst zu im einstigen Verwaltungssitz der Kurfürsten von Mainz: In der Burg tagt heutzutage das Amtsgericht.

Als „das Alz in der Suppe", so der Werbeslogan des örtlichen Stromanbieters, erscheint aber, trotz allem Theater, die Möglichkeit, unser Sonnensystem im Maßstab von 1:2 Milliarden über den Alzenauer Planetenweg kennenzulernen. So findet man die Sonne mit einem Durchmesser von 75 Zentimetern als

Laternenkugel (am Burgparkplatz) und die Erde mit 50 Millimeter Durchmesser maßstabsgetreu 80 Meter weiter. Für die letzten Planeten im Sonnensystem muss man 2,8 Kilometer nach Michelbach spazieren. Und wer das Ende des Sonnensystems anstrebt, müsste 6339 Kilometer bis Dubai laufen …

Die Burg

Da braucht man einen guten Überblick, den man vom Ludwigsturm am bis zu 437 Meter hohen Hahnenkamm bekommt: Der Rundumblick reicht über Maintal und Spessart bei gutem Wetter bis Frankfurt, in den Taunus und Odenwald. Der bayerische König Ludwig I. feierte dort 1840 seinen 54. Geburtstag und Ihre Majestät soll ausgerufen haben: „Für wahr ein schönes Stückchen deutscher Erde". 40 Jahre später wurde der Turm gebaut und ihm zu Ehren Ludwigsturm genannt.

Info

Lage: Alzenau liegt im Landkreis Aschaffenburg, etwa 16 Kilometer nördlich der Kreisstadt.

Auskunft: Hanauer Straße 1, 63755 Alzenau, Tel. 06023 5020, *alzenau.de*

Aktivitäten: Deutschlands erster Solar-Parcours zeigt die Möglichkeiten von Solarenergie.

Museum: Stadtmuseum im Schlösschen Michelbach

Restaurant:

- Berggasthof Hahnenkamm: rustikal, regional; Hahnenkamm Haus 1, 63755 Alzenau, Tel. 06029 8456, *berggasthofhahnenkamm.de*

Unterkunft:

- Gasthaus Dörsthof: einfach, modern; Dörsthof 1, 63755 Alzenau, Tel. 06023 5470, *doersthof.de*

19 Spessart

WO DIE BÜCHSE KNALLT

Kinzig, Sinn und Main schließen all den Spessart ein, besagt ein Merkvers über das knapp 600 Meter hohe Mittelgebirge, das weite Teile des Mainvierecks einnimmt. Es ist das größte zusammenhängende Laubwaldgebiet in Deutschland: mit Wanderwegen und Mountainbike-Trails. Zwei Drittel der Spessart-Fläche gehört zu Bayern, trotzdem wird meist hessisch „gebabbelt“.

Pilot Werner braucht Luft unter den Füßen. Er ist Franke, spricht hessisch, fliegt für sein Leben gerne und liebt den Spaß mit seiner Einmotorigen. „Jetzt mal Slalomfliegen!", krächzt es durch den Kopfhörer der zweisitzigen Propellermaschine. Wir fliegen zwischen Windrädern durch. „Deswegen haben sie diese Riesendinger doch aufgestellt ... Oder?"

Pilot Werner

Der Spessart von oben: Sieht aus wie sanfte, eng aneinandergeschmiegte Büschel, die nur von Flusstälern und Ortschaften unterbrochen sind. Ein perfektes Gebiet für Wanderer und Fahrradfahrer. „Wenn Landschaft Musik macht: Dies ist ein deutsches Streichquartett". So beschrieb Kurt Tucholsky 1927 den Spessart. Der Odenwald grenzt fließend an, der Badesee von Niedernberg lockt mit Stränden und Aschaffenburg (siehe Tipp 16) grüßt von der Ferne. Nur der Eselsweg lässt sich aus luftiger Höhe nicht ausmachen. 1339 erstmals urkundlich erwähnt, wurde auf diesem Weg einst das Salz von Bad Orb nach Miltenberg (siehe Tipp 21) zur Einschiffung gebracht. Der Pfad durchzieht das Mittelgebirge nach Norden und beginnt am Engelberg, dem südlichsten Ausläufer des Spessarts, auf dem das mit vier Mönchen besiedelte gleichnamige Franziskanerkloster nebst Klosterschänke mit Biergarten liegt. Man muss zwar nicht Reinhard Mey zitieren („Über den Wolken ..."), aber der Liedermacher hat das Gefühl, zu fliegen, schon sehr gut getroffen: „... muss die Freiheit wohl grenzenlos sein!" Ist sie mit Werner als Pilot, der gern mal eine Pirouette dreht oder zu einem Tiefflug ansetzt ...

Das Mittelgebirge ist mit dem Geiersberg bis zu 586 Meter hoch und von den insgesamt 2440 Quadratkilometern Fläche gehören 1710 zu Bayern und 730 zu Hessen. „Jahrtausende wohl standst du schon – O Wald, so dunkel, kühn – Sprachst allen Menschenkünsten Hohn – Und webtest fort dein Grün", dichtete kein Geringerer als Friedrich Schlegel 1806 und nannte die Eloge schlicht

Im Haseltal

„Im Spessart". Wald und Wiesen dominieren das hügelige Gebiet zwischen Main und Kinzig, in dem Hirsche und Rehe, Biber, Dachs, Iltis sowie sogar Wasserbüffel heimisch sind und nicht zu vergessen auch der Namensgeber des Spechtshardt, der Specht.

Doch es gibt nicht nur scheue Tiere und jahrhundertealte Baumriesen, sondern auch Geschichten, Sagen, Märchen und das älteste Karussell der Welt. Die Brüder Grimm sind unweit des Spessarts in Hanau geboren und aufgewachsen. Das Grimmsche Märchen von „Schneewittchen" wird im Spessartstädtchen Lohr am Main verortet (siehe Tipp 30). Auch „Frau Holle" sagt man nach, dass ihre „vielen Flöckchen ohne Zahl – so viele Flöckchen auf einmal" im Spessart ausgeschüttelt wurden. Und das Wilhelmsbader Karussell in der historischen Kuranlage wurde 1780 erbaut und ist das älteste Karussell weltweit.

„Es grüßen die schrecklichen Räuber aus dem finsteren Spessart-Wald – wo die Pferde scheuen und die Büchse knallt". Die Mespelbrunner Spessarträuber reimen deutlich grobschlächtiger als die Grimm-Brüder. Denn so lautet ihr Motto für buchbare Überfälle, inklusive nachgestellter Szenen aus „Das Wirtshaus im Spessart" – sowie Schnaps und Spessarter Apfelwein zur Versöhnung (siehe Tipp 20).

Die Spessarträuber gab es zu Anfang des 19. Jahrhunderts wirklich. Wilhelm Hauff setzte ihnen 1827 mit der Novelle „Das Wirtshaus im Spessart" ein literarisches Denkmal, das durch den gleichnamigen Film mit Liselotte Pulver 1958 mehr als hundert Jahre später sogar zum Klassiker wurde. Die politische Zersplitterung des Waldes ohne grenzübergreifende Strafverfolgung begünstigte das Aufkommen von Räuberbanden. Vom Kurfürstentum Mainz kam der Spessart zum Fürstentum Aschaffenburg, dann zum Großherzogtum Frankfurt. Schließlich wurde der größte Teil dem Königreich Bayern zugeschlagen. „Gebabbelt" wird trotzdem weiterhin hessisch und noch heute ist der Spessart in vier Landkreise in zwei Bundesländern aufgeteilt. Im Winter kann es sein, dass man im Hochspessart meterhoch Schnee hat, während ein paar Kilometer weiter, unten im Tal, alles grün ist.

Abgesehen von Miltenberg (siehe Tipp 21) und Bürgstadt (Tipp 22), Stadtprozelten (Tipp 23) und Wertheim (Tipp 27), Lohr und natürlich Schloss Mespelbrunn bietet der Naturpark Bayerischer Spessart noch einige weitere wunderbare Plätze zum Erholen, Schauen und Genießen. Zum Beispiel die „Perle im Spessart", so Kurt Tucholsky, der mit seinen beiden Kumpanen Jakopp und Karlchen vom „Gasthaus Lichtenau" nicht nur ins Hafenlohrtal wanderte, sondern im Wirtshaus auch ordentlich zechte.

Am Eselsweg

An der Grenze zu Hessen

Überhaupt zeichnet den Spessart neben seiner prächtigen Natur die häufig mitten im Wald, aber meist an Wanderwegen gelegenen Wirtshäuser aus, wo man im Freien sitzen, eine Brotzeit bestellen und in Ruhe seinen Apfelwein oder ein Bier trinken kann. Wie etwa im „Hohe-Wart-Haus": Dort gibt es sogar frisch gebrautes Bier aus dem eigenen Brauhaus sowie zünftige regionale Küche. Und Schloss Mespelbrunn lässt sich in drei Kilometern erwandern. Der Jäger Antonius Sartor errichtete 1733 eine erste Hütte, um die Gäste der vorbeifahrenden Kutschen zu bewirtschaften. Denn der Weg an der Hohen Warte war damals der direkte Weg zwischen Schloss Mespelbrunn und dem Aschaffenburger Schloss. Die Bayerische Schanz, eine ehemalige Grenzstation zwischen Bayern und Hessen, ist noch so eine Waldadresse. Das höchstgelegene Wirtshaus im Spessart liegt auf 513 Meter Höhe in Ruppertshütten bei Lohr und wurde bereits 1713 erstmals als Gasthaus erwähnt. Außerdem lohnt ein Abstecher nach Burgsinn im Sinngrund zwischen den Ausläufern des Spessarts und der Rhön (siehe Tipp 37): Sehenswert sind die Wasserburg, Schloss und Schlösschen sowie das Rienecker Tor.

Inzwischen ist Werner, der Pilot, wieder sicher gelandet. „Und wie war's?", fragt er, bemerkt das eher kreidebleiche denn überglückliche Gesicht seines Passagiers und empfiehlt: „Jetzt trinkst du mal ein Bier. Dann geht's schon wieder ..."

Info

Lage: Der Spessart liegt zwischen Vogelsberg, Rhön und Odenwald in Bayern und Hessen.

Auskunft: Frankfurter Straße 2, 97737 Gemünden, Tel. 09351 603422, *naturpark-spessart.de*

Aktivitäten:

- Rundflüge, *fsco.de*
- 412 Wander-/Nordic-Walking-Wege, 129 Fahrrad-/Mountainbiketouren

Event: *mespelbrunner-spessartraeuber.de*

Restaurants:

- Engelberg: Klosterschänke, Biergarten, Brotzeiten. 612 Stufen führen hinauf. Bayerns kleinste Weinanbaufläche; Kloster Engelberg 1, 63920 Großheubach, Tel. 09371 9143914, *kloster-engelberg.com*
- Hohe-Wart-Haus: mit Biergarten, Hax'n, Gans, Bierkrustenbraten; Hohe Warte, Tel. 0173 9884744, *hohewart-haus.de*
- Bayerische Schanz: mit Biergarten und selbst gebackenem Kuchen; Schanzstraße 1, 97816 Lohr-Ruppertshütten, Tel. 09355 618, *bayrische-schanz.de*

Unterkünfte:

- Gasthaus im Hochspessart: gemütliche Zimmer, einfache Gerichte; Lichtenau 3, 97840 Rothenbuch-Lichtenau, Tel. 09352 1228, *www.gasthaushochspessart.de*
- Weyberhöfe: 4-Sterne-Schlosshotel, Luxuszimmer, Fine Dining, mehrere Saunen; Weyberhöfe 9, 63877 Sailauf, Tel. 06093 993320, *schlosshotel-weyberhoefe.com*

20 Mespelbrunn

ECHTE RITTER-ROMANTIK

Umgeben von uralten Baumriesen und hübsch dekoriert mit einem Weiher liegt das romantische Wasserschloss Mespelbrunn (Foto) mitten im Spessart. Eine versteckte Schönheit, die reichlich Geschichten erzählen könnte, wenn sie denn sprechen könnte … Aber dafür gibt es ja Chroniken und Überlieferungen.

Es geschah am helllichten Tag im Frühjahr anno 1412: Eine Kutsche wurde bei einer Rast in einem abgelegenen Gasthof im Spessart von Räubern überfallen! Und wie es sich in den Chroniken herausstellt, war dies kein Einzelfall: Räuberbanden trieben immer wieder ihr Unwesen, gerade rund um das so versteckt und so idyllisch gelegene Schloss Mespelbrunn. Als am 1. Mai 1412 der Erzbischof Johann von Mainz dem Ritter Hamann Echter den Platz zum Espelborn für seine treu geleisteten Dienste als kurfürstlicher Forstmeister schenkte, war der Spessart ein wilder und unerschlossener Wald. Große Teile der Bevölkerung lebte ohne festen Wohnsitz in ärmsten Verhältnissen und wer erst einmal auf der Straße war, dem wurde von der Gemeinde das Heimatrecht verwehrt. So bildeten sich einzelne Banden, die durch Überfälle ihren Lebensunterhalt verdienten. Deshalb bauten die Echters das unbefestigte Weiherhaus in einem schwer zugänglichen Spessart-Tal bald in eine kleine Burg mit Mauern und Türmen um. Die Banden sorgten schließlich überall für Angst und Schrecken, überfielen Geldboten und Postreiter, Kaufleute und Postkutschen, die die Wälder des Spessarts durchqueren mussten. Sie waren entlang der Handelsrouten im Spessart unterwegs und konnten sich nach ihren Überfällen sorgenfrei im Wald verstecken. Die Räuber profitierten dabei von ihren hervorragenden Ortskenntnissen und selten ging so ein Überfall glimpflich aus. Später, zu Beginn des 19. Jahrhunderts, mussten sie aufgrund der politischen Zersplitterung des Spessart-Gebiets noch dazu kaum grenzübergreifende Strafverfolgung befürchten.

Im düsteren Spessart

Erst die folgenden Echter-Generationen nahmen friedlichere Zeiten zum Anlass, das abweisende Gemäuer von Mespelbrunn in ein verträumtes Wasserschloss zu verwandeln. Über einem Seitenportal steht im Namen von Peter Echter von Mespelbrunn und seiner Gemahlin Gertraud von Adelsheim geschrieben: „Ehelich Lieb in Gott uns stete Treu Bringt, Glück und Segen ohn alle Reu. Mit Ernst und Fleiß haben wir Gott vertraut. Den Unseren zu Gut dies Haus gebaut."

Im Rittersaal

Julius Echter, der als Fürstbischof in Würzburg und Herzog in Franken das Juliusspital (siehe Tipp 4) und auch die Universität in Würzburg gründete, die mächtige Festung Marienberg (siehe Tipp 1) erbauen ließ und das Kirchenbild Frankens mit spitzen Türmen und giebelgeschmückten Renaissance-Bauten prägte, stammt aus dieser Familie. Noch heute besitzt die Familie Grafen von Ingelheim genannt Echter von und zu Mespelbrunn das Schloss. Sie bewohnt den Südflügel des Hauses, während der Nordflügel für die Öffentlichkeit zugänglich gemacht wurde. Für den Film „Das Wirtshaus im Spessart" mit Liselotte Pulver stand das ganze Wasserschloss als Drehort zur Verfügung. Auch der Film, obgleich Komödie, beschreibt das wilde Bandentreiben im Spessart, als Comtesse Franziska von und zu Sandau mit ihrem Verlobten Baron Sperling per Kutsche auf dem Weg nach Würzburg in eine von den Räubern Knoll und Funzel ausgehobene Kuhle fahren, wobei ein Rad bricht. Comtesse Franziska wird die Geisel der Banditen, um von ihrem Vater 20.000 Gulden Lösegeld zu erpressen ...

Aufgrund seiner versteckten Lage – obwohl nur wenige Kilometer von der viel befahrenen A3 entfernt – überstand das Schloss alle Kriege unbeschadet und ist deshalb in seiner ursprünglichen Form erhalten geblieben. Zu D-Mark-Zeiten zierte Mespelbrunn sogar die 70-Pfennig-Briefmarke der Dauerserie der Deutschen Bundespost mit dem Namen Burgen und Schlösser.

Wer Mespelbrunn sehen möchte, muss die Autobahnausfahrt Rohrbrunn nehmen. Das Schloss ist nicht mit öffentlichen Verkehrsmitteln zu erreichen. Trotzdem finden jährlich um die 100.000 Besucher dorthin. Einmal wahre Ritterromantik erleben, zieht eben an ...

Info

Lage: Mespelbrunn liegt im Landkreis Aschaffenburg, etwa 16 Kilometer südöstlich der Kreisstadt.

Auskunft: Schloss Mespelbrunn, 63875 Mespelbrunn, Tel. 06092 269, *schloss-mespelbrunn.de*

Aktivitäten: 20 Wanderwege ab Schloss

Restaurants:

- Café Pferdestall: Kaffee, Kuchen, kleine Gerichte wie Wildschweinbratwurst; Schlosshof 5, 63875 Mespelbrunn, Tel. 0160 2210823, *schloss-mespelbrunn.de*
- Rügers Forstgut: bunte Karte mit Schnitzel und Saibling, Bowl und Curry; Schlossallee 25, 63875 Mespelbrunn, Tel. 06092 6080, *ruegers-forstgut.de*

Unterkünfte:

- Mühle am Schloss: gut ausgestattete Ferienwohnung mit Blick aufs Schloss, ohne Wifi, inklusive Kaminholz; Schloss Mespelbrunn, 63875 Mespelbrunn, Tel. 06092 269, *schloss-mespelbrunn.de*
- Heimathenhof: gehobenes Landhotel, vornehme Einrichtung, gutes Restaurant, Pool, Saunen; Heimathenhof 2, 63872 Heimbuchenthal, Tel. 06092 97150, *heimathenhof.com*

Miltenberg und Umgebung

Auf dem Rotwein-Wanderweg bei Miltenberg

Miltenberg und Umgebung

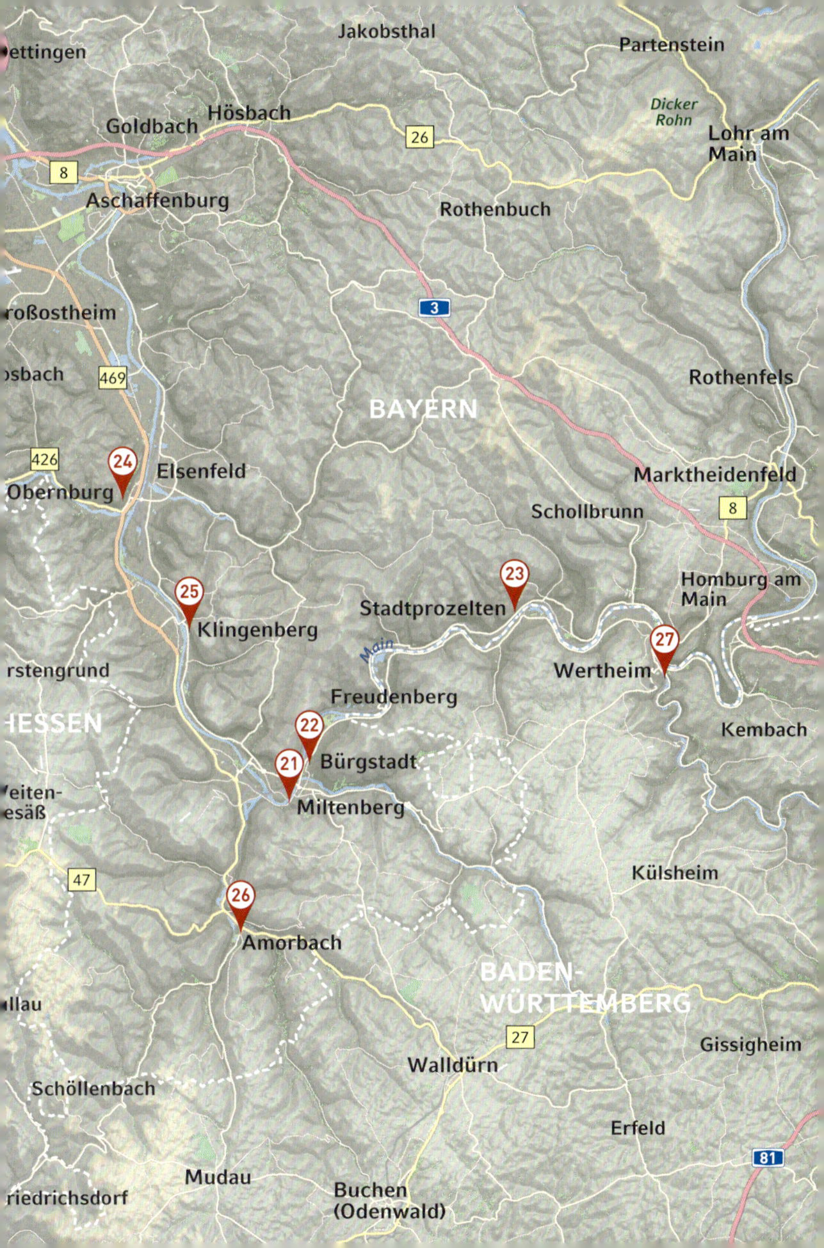

ettingen
Jakobsthal
Partenstein
Dicker Rohn
Goldbach
Hösbach
26
Lohr am Main
8
Aschaffenburg
Rothenbuch
3
roßostheim
osbach
469
Rothenfels
BAYERN
426
24
Elsenfeld
Obernburg
Marktheidenfeld
Schollbrunn
8
23
Homburg am Main
25
Stadtprozelten
Klingenberg
Main
27
rstengrund
Wertheim
Freudenberg
HESSEN
22
Kembach
21
Bürgstadt
eiten-
esäß
Miltenberg
Külsheim
47
26
Amorbach
BADEN-WÜRTTEMBERG
llau
27
Gissigheim
Walldürn
Schöllenbach
Erfeld
81
Mudau
riedrichsdorf
Buchen (Odenwald)

21 Miltenberg

DAS BIER BLEIBT HIER

Kaiser Karl IV., Fürsten und Martin Luther machten in Miltenberg Station. Der Jüdische Friedhof ist ein verwunschen schöner Ort und über allem thront erhaben die Mildenburg. In der mittelalterlichen Fachwerkstadt gilt ganz unprätentiös die mainfränkische Weisheit: Wo Wein wächst, da kann man auch leben. Dabei wird im Schwarzviertel auch feines Bier gebraut …

„Wozu braucht ein Friedhof einen Zaun? Wer drin ist, kommt nicht mehr heraus, und wer draußen ist, will nicht hinein!", sagte Mark Twain. Das Törchen zum Alten Jüdischen Friedhof in Miltenberg ist brusthoch und keine wirkliche Barriere. Aber es trennt das Drinnen vom Draußen und den Tod vom Leben. Plötzlich ist der Lärm weg, dieses urbane Grundbrummen, das einem ja immer erst dann auffällt, wenn es weg ist und man von einer Oase der Stille vereinnahmt wird. Der Alte Jüdische Friedhof ist so ein Platz. Der Baumbestand scheint den Lärm zu schlucken, der nahe Wald strahlt Ruhe aus und aus dem Gras lugen die Grabsteinplatten empor. Das Gras wird nur zweimal im Jahr gemäht, die Bäume stehen mächtig, als seien sie die Wächter der Toten. Die Grabsteine versinken in der Erde. Und man lässt sie versinken, um die Totenruhe nicht zu stören. Den Friedhof Friedhof sein lassen, der Ruhe die Ruhe lassen: Das ist das Wunderbare an diesem kleinen, nur 1700 Quadratmeter großen Alten Jüdischen Friedhof mit seinen gerade mal noch 136 sichtbaren Grabstellen. Er ist verwunschen, verwildert, aber nicht vergessen, denn der Friedhof ist den berühmten großen Pendants von Jerusalem oder auch Berlin und Prag durchaus voraus. Per QR-Code am Friedhofstörchen bekommt man Zugriff auf eine Dokumentation mit Lageplan und allen Grabinschriften. Jedes einzelne Grab wurde dokumentiert. Der älteste lesbare Grabstein stammt von 1752: Grab 071 von Jehuda. „Der Junge, das jüngste Kind, klug war er. Sein Vater betrauerte ihn, seinen Liebling", lautet die Grabinschrift. Der Friedhof am Burgweg ist ein Platz voller Ruhe und Anmut, ein Ort zum Innehalten und eine Oase, die man meistens ganz für sich allein hat. Durchschnittlich nur einmal pro Woche holt sich jemand den Schlüssel für das Törchen aus dem nahen Museum …

Der Alte Jüdische Friedhof

Miltenberg ist nicht groß, 10.000 Einwohner, eine mittelalterliche Fachwerkstadt mit Stadtmauer und Tortürmen. Über allem thront die tausend Jahre alte Mildenburg mit quadratischem Burgfried, Ringmauer und Hauptgebäude, in dem sich heute das Burg-Museum befindet. Die Aussicht ist den mühsamen Aufstieg zum Greinberg wert. Unten fließt der Main gemütlich dahin und mit fränkischer Gelassenheit hält man sich an die Weisheit: „Wo Wein wächst, da kann man auch leben". Die Hauptstraße ist Fußgänger- und Einkaufszone sowie Freilichtmuseum in einem. Fast jedes Haus ist Fachwerk und Hausnummer 121 kurios: Das Obergeschoss stammt aus dem Jahr 1606, das heutige Untergeschoss, wegen eines Brandes, aber aus dem Jahr 1623. In Haus Nr. 96 hat man die Möglichkeit, im Obergeschoss zu sehen, wie ein Fachwerkhaus entkernt von Innen aussieht. Und Nr. 136 ist eines der ältesten Fachwerkhäuser Deutschlands – von 1333.

Ein paar Meter weiter liegt das Schwarzviertel, das so heißt, weil die schmalen Gassen zwischen den Häusern, die eingebettet sind zwischen Greinberg und Main, keine Sonne abbekommen. Das dort angesiedelte „Brauhaus Faust", 1654 gegründet, nimmt sich die Freiheit zu sagen: Das Bier bleibt hier. „Unsere 19 Bierspezialitäten könnten wir nicht in gleicher Qualität produzieren, wenn wir überregional vertreiben würden", sagt Braumeister Stefan Falk. „Die Biere reifen schließlich sechs Wochen lang in unserem 30 Meter tiefen Sandsteinkeller." Für eine Großbrauerei wäre das unmöglich.

Traditionen wie diese begegnen dem Gast in Miltenberg auf Schritt und Tritt. Wer am historischen Marktplatz mit dem Schnatterlochturm steht, der als Kulisse für „Das Wirtshaus im Spessart" mit Liselotte Pulver diente, der zieht schnell einen Vergleich und kommt zu dem Schluss, dass Miltenberg vielleicht sogar das bessere Rothenburg ob der Tauber ist, da man trotz der Enge der Gassen die Freiheit hat, sich bewegen zu können, wie und wohin man will, was im gleich schönen

Marktplatz und Schnatterloch

Rothenburg angesichts der Besuchermassen manchmal in Frage gestellt ist. Der Marktplatz gehört ohne Zweifel zu den malerischsten Plätzen in Deutschland. Fachwerkhäuser, Marktbrunnen und der Schnatterlochturm geben ein sehenswertes Ensemble ab.

„Zum Riesen“

Den Reichtum und die frühere Bedeutung Miltenbergs erkennt man aber nicht nur an den prächtigen Fachwerkbauten, die zu den schönsten in Deutschland zählen, sondern besonders an den ersten Steinhäusern, wie am Rathaus von 1379. Auch die Großbürger bauten ihre Häuser seinerzeit schon aus Stein statt aus Holz, was die Steigerung von reich erklärt: steinreich. Dort sind auch die Hochwassermarkierungen zu sehen, wann und wie hoch der Main über die Ufer getreten ist.

Steinreich waren auch die Reisenden, die im Gasthaus „Zum Riesen“ logierten. Es stammt aus dem 12. Jahrhundert und gilt als älteste Fürstenherberge Deutschlands. Schon damals konnte es 50 Pferde pro Nacht aufnehmen – und damit auch 50 Gäste ... Es lag sozusagen an der A3 des Mittelalters, sah Hexenprozesse und -verbrennungen auf dem Vorplatz, bewirtete gekrönte Häupter wie Karl IV., Fürsten und Martin Luther, nach denen heute auch die Zimmer im 3-Sterne-Hotel benannt sind.

Schöne Häckerplatte

Ganz anders die zahlreichen und urigen Häckerwirtschaften in und um Miltenberg. Häckerwirtschaften sind typisch für die Gegend und jeweils nur zwei bis vier Wochen im Jahr geöffnet. Die privaten Gaststuben ermöglichen den Winzern ein paar Nebeneinkünfte und Einheimischen wie Gästen typische

Küche, Weine vom Hof und ein zünftiges Beisammensein. Mit 1056 Tagen, an denen verschiedene Häckerwirtschaften geöffnet sind, gilt Großheubach, ein Vorort von Miltenberg auf der anderen Mainseite, als die selbsternannte Welthauptstadt der „Hecke", wie die Einheimischen sagen.

Info

Lage: Die Kreisstadt Miltenberg liegt etwa 38 Kilometer südlich von Aschaffenburg.

Auskunft: Mainstraße 83, 63897 Miltenberg, Tel. 09371 6606975, *miltenberg.info*
- *churfranken.de*
- *juedisches-unterfranken.de*

Aktivitäten:
- Täglich wechselnde, kostenfreie Führungen, *miltenberg.info/miltenberg14uhr*
- Top Mountainbike-Trails
- Dampfer- mit Fahrrad-Kombi nach Wertheim: per Rad 35 Kilometer hin und mit dem Schiff zurück oder umgekehrt, *mainschiffe.de*

Event: Churfranken Genuss Festival im September mit Kulinarik, Wein und Bier, alles aus der Region

Museum: *museum-miltenberg.de*

Restaurant:
- Zipfs: Kümmelbraten, Ochsenfleisch oder Hirschkoteletts. Es gibt auch schöne Zimmer; Hauptstraße 42, 63897 Miltenberg, Tel. 09371 7286, *weinhof-zipf.de*

Unterkünfte:
- Zum Riesen: älteste Fürstenherberge Deutschlands, historisches Ambiente, 3-Sterne-Zimmer, gutes Restaurant; Hauptstraße 99, 63897 Miltenberg, Tel. 09371 989948, *riesen-miltenberg.de*
- Hotel Brauerei Keller: gehobenes 3-Sterne-Hotel mit modernen Zimmern und Restaurant; Hauptstraße 66, 63897 Miltenberg, Tel. 09371 5080, *brauerei-keller.de*

22 Bürgstadt

BURGUND AM MAIN

Mehr Weinberge als Fachwerkhäuser und mehr Rot- als Weißweine: So könnte man das beschauliche, gut 4000 Einwohner zählende Bürgstadt am Main auf einen Nenner bringen. Kulturell-historisch ragt zudem die tausend Jahre alte Martinskapelle mit ihrer an die Kirchenwände gemalten Bilder-Bibel heraus.

In seiner Kindheit spielte er in den Weinbergen. In seiner Jugend wurden dort so manche Partys gefeiert. Und heute arbeitet er in seinen Weinbergen, an Churfrankens Steilhängen im Mainviereck: Sebastian Fürst ist, zusammen mit seinem Vater Paul, der Starwinzer der Region, in der die meisten Reben auf Terrassen und Buntsandsteinböden gedeihen. Was nicht jeder wissen mag: Dort wachsen zu zwei Drittel Rotweine. Und wenn jetzt einer sagt, dass man doch deutsche Rotweine sowieso vergessen könne, dem sei unbedingt ein Ausflug ins Mainviereck zum „Weingut Fürst", aber auch zu anderen Winzern, wie „Neuberger" oder „Sturm", empfohlen, wo zwischen den dicht bewaldeten Hügeln von Spessart und Odenwald hervorragende Spätburgunder gedeihen, die mit so manchem Konkurrenten aus Frankreich auf Augenhöhe stehen. Sebastian freut sich: „Wir exportieren von unseren hochwertigen Weinen inzwischen jede zweite Flasche ins Ausland, nach Großbritannien, Kanada, Japan, China und sogar ins Burgund ..." Der 42-jährige Bürgstädter kann sich dabei ein Lächeln nicht verkneifen. Es hat wohl etwas von Eulen nach Athen tragen, aber: „Burgund liegt in Bürgstadt", schrieb die „Welt am Sonntag" anerkennend. Und Wein-Papst Hugh Johnson attestierte immerhin: „Die Spätburgunder gelten zu Recht als die feinsten in Deutschland".

Paul Fürst im Weinkeller

Paul Fürst, Senior-Chef des 1638 gegründeten „Weingut Fürst" in Bürgstadt vor den Toren Miltenbergs, sagt: „Früher hatten hier alle einen Weinberg: der Schuster, der Lehrer, alle. Heute kann man Spitzenqualität nur noch mit Handwerk, Erfahrung, Passion und Terroir erzielen". Und durch die Klimaerwärmung sind die Weinmacher nun in der Lage Spätburgunder von höchster Qualität zu erzeugen. Im Mainviereck wurden in den letzten Jahren 1,6 Grad

mehr im Jahresmittel nachgewiesen. „Ansonsten ist es in den Weinbergen aber wie früher", sagt Sebastian. Die Lage Centgrafenberg ist immer noch sein Lieblingsort und der Spätburgunder sein Lieblingstropfen.

Auch Thomas Grün, der Bürgermeister von Bürgstadt, mag den Wein, der in seiner Gemeinde wächst, sein Lieblingsort ist allerdings die Martinskapelle. Sie ist mehr als tausend Jahre alt, von außen unscheinbar, aber innen ein wahres Geschichtsbuch: In der Bilder-Bibel werden auf insgesamt 40 Medaillons Szenen des Alten und Neuen Testaments dargestellt, von der Erschaffung der Erde über Adam und Eva, das Leben von Jesus bis zum Jüngsten Gericht. Sie wird auch Armen-Bibel genannt, weil die wichtigsten biblischen Szenen im Bild erfasst wurden. Die meisten Leute konnten einst ja weder lesen noch schreiben und die Priester predigten lateinisch. Erst Martin Luther begann, die Gottesdienste in deutsch abzuhalten.

Noch älter ist der Ringwall auf dem Bürgstadter Berg. Die drei Kilometer lange Wallgraben-Anlage war wohl bereits in der Jungsteinzeit (um 3200 v. Chr.), der Bronzezeit (um 1000 v. Chr.) und der Eisenzeit (um 600 v. Chr.) besiedelt. In zwei Stunden ist man auf den 463 Meter hohen Bürgstadter Berg gewandert und wird von einem rekonstruierten Tor der Wallanlage empfangen. Auf dem Weg passiert man auch die schöne Centgrafenkapelle von 1630.

Zurück im Zentrum von Bürgstadt steht noch ein Besuch an Thomas Grüns Arbeitsplatz an, denn das Rathaus von 1592 ist ein Schmuckstück. Es war Stall, Markthalle, Gefängnis. Die meisten der Fenster und Türen sind noch original aus dem 16. Jahrhundert. Und im Sitzungssaal für die 16 Gemeinderäte und den Bürgermeister finden sich doppelt so viele Zuschauerplätze. „Am meisten interessieren sich unsere Bürger, wenn es um Investitionen, das Schwimmbad und die Vinothek geht", sagt Thomas Grün. Die Vinothek ist ein gelungener Neubau vis-à-vis vom Rathaus, in dem man in Ruhe Wein und Secco aus Bürgstadt und Churfranken probieren kann. Rund hundert Positionen stehen zur Wahl.

Rathaus

Info

Lage: Bürgstadt liegt im Landkreis Miltenberg, nördlich angrenzend an die Kreisstadt.

Auskunft:

- *gaeste-info-buergstadt.de*
- *churfranken.de*

Aktivitäten: 60 Kilometer Wanderwege

Event: Weinkulturnacht im Juni

Museum:
buergstadt.de/gemeinde/gemeindliche-einrichtungen/museum

Restaurants:

- Häckerwirtschaften, temporär geöffnet, direkt bei den Winzern, einfache, gute Hausmannskost; *buergstadt.de/freizeit-tourismus/haeckerwirtschaften*. Zum Beispiel Weingut Neuberger: Freudenbergerstraße 7, 63927 Bürgstadt, Tel. 09371 2562, *weingut-neuberger.de*
- Churfrankenvinothek: Snacks und Flammkuchen zu gutem Wein aus der Region; Hauptstraße 2, 63927 Bürgstadt, Tel. 09371 9488679, *churfrankenvinothek.de*

Unterkunft:

- Adler: nettes 4-Sterne-Landhotel mit gutem Restaurant und kleinem Pool; Hauptstraße 30, 63927 Bürgstadt, Tel. 09371 97880, *adler-buergstadt.de*

23 Stadtprozelten

MIT PFEIL UND BOGEN

Die kleine, nur 1500 Einwohner zählende Stadt Stadtprozelten schmiegt sich entlang des Ufers zwischen Main und Kühlberg. Zuweilen wirkt sie wie aus der Zeit gefallen: mit Ritterburg, Mainfähre oder Schäfflertanz. Und im Wald am Kühlberg trifft man zuweilen sogar auf (harmlose) Bogenschützen.

Die Henneburg

Ritter Jürgen steht vor der mittelalterlichen Henneburg, als wäre es vor 700 Jahren: mit Speer, Schwert, Schild, mit Helm, Kettenhemd und -haube zum Schutz des Halses. Gut 20 Kilogramm ist sein ritterliches Outfit schwer. „Heute trage ich das Gewand des Deutschritterordens. Es ist also eine Darstellung des 13. Jahrhunderts", sagt Jürgen Jung, der natürlich kein Ritter ist, sondern Geschäftsführer der Burglandschaft e. V., ein Verein, der die tollen Burgen, Schlösser, Ruinen oder Klöster im Spessart und Odenwald der Öffentlichkeit vorstellt und diese erlebbar macht. Wie die Henneburg, die auf dem Kühlberg 70 Meter über dem Fachwerkstädtchen thront. Fünf Jahre wurde sie saniert und ist seit Sommer 2022 wieder begehbar, inklusive der Aussichtsplattformen auf beiden Bergfrieden. „Die Anlage gehört zu den größten und markantesten deutschen Burgruinen und wurde um 1230 erbaut", erklärt Ritter Jürgen. „Etwa hundert Jahre später übernahm der Deutschritterorden und baute sie aus."

Ritter Jürgen

Für die Kinder wird die Ruine durch spannende Aufgaben erlebbar, die es zu lösen gilt, um den Geheimnissen der Burg auf die Schliche zu kommen. Da müssen die Treppenstufen zum Bergfried gezählt oder dem Ritter seine Waffen zugeordnet werden. Die Erwachsenen erleben die Burg und den umgebenden Wald dagegen beim Bogenschießen.

„Ich habe mein Leben lang Fußball gespielt. Aber seitdem ich das Bogenschießen kenne, komme ich nicht mehr weg davon", sagt Michel Gößl, der Betreiber des Henneburg Bogenparcours. „Es ist wie ein Virus. Aber einer, der Spaß macht, denn man vergisst alles um sich herum." Beim Lernen und Einschießen sieht man tatsächlich bald nicht mehr die mächtigen Burgmauern, sondern nur noch die gleich daneben aufgestellten Zielscheiben. Michel erzählt von früher, als den Bogenschützen in Gefangenschaft die drei mittleren Finger amputiert wurden, denn mit diesen drei Fingern wird bis heute der Bogen gespannt, um – zurück im Heute – auf etwa fünf Kilometer Länge Bock und Bison, Sau und Truthahn, Hase und Wolf zu treffen. Natürlich sind alle Tiere maßstabsgetreu aus Gummi in 3D. Insgesamt hat Michel hundert Attrappen von 30 verschiedenen Tiersorten auf dem Parcours versteckt. Wert der Tierfiguren: 28.000 Euro. Drei Stunden Spaß im Wald sind garantiert, Einweisungsstunde und Leihausrüstung werden angeboten.

Weiter geht es auf einer der letzten Fähren im Mainviereck. 60 Jahre lang hat Bruno Hörnig die Mainfähre zwischen Stadtprozelten in Franken und Mondfeld im Baden-Württembergischen sicher hin und her bewegt: erst mit vier PS-, zuletzt mit 85 PS-Motor, hundert Meter in rund drei Minuten, drei Autos passen drauf. „Ganz früher nutzten wir die Strömung und hatten keinen Motor. Und wenn nur wenig Strömung war, navigierten wir mit Stange", sagt der 78-Jährige, der den Fährbetrieb 2020 an Sohn Jens abgab. „Die sechste Generation", sagt Hörnig stolz. „Denn angefangen hat alles schon 1824: mit dem ersten Hörnig als Mainfährenkapitän".

Fährmann Bruno

Touristen lieben die Fähre, weil sie wie aus der Zeit gefallen erscheint. Manche fahren einfach mal hin und wieder zurück, nur um damit gefahren zu sein. „Aber die Ansässigen und Pendler hätten viel lieber eine Brücke. Heutzutage muss ja alles schnell gehen ...", weiß der Schiffer, der den Main an dieser Stelle geschätzt rund eine Million Mal überquert hat.

Und noch einen Anachronismus hat Stadtprozelten zu bieten: Der Schäfflertanz findet allerdings nur alle sieben Jahre statt. Eine Tradition, die nach den schwarzen Pestjahren wieder Lebensfreude verbreitete. Zuletzt tanzten sie in Stadtprozelten 2022 unter dem Motto der „Vertreibung der Pest Corona" ...

Info

Lage: Stadtprozelten liegt im Landkreis Miltenberg, etwa 20 Kilometer nordöstlich der Kreisstadt.

Auskunft: Hauptstraße 132, 97909 Stadtprozelten, Tel. 09392 9847222, *stadtprozelten.de, churfranken.de*

Aktivitäten:

- *3d-bogenregion.de/bogenparcours/bogenparcours-stadtprozelten*
- Kletterwand am Steinbruch

Events:

- Autorenlesungen im Steinbruch, Juni/Juli
- Schäfflertanz, wieder 2029

Museum: zum Leben vor 100 Jahren; im Nachbarort Dorfprozelten, *heimat-geschichtsverein-dorfprozelten.de*. Dort liegt auch die 1000 Jahre alte Burgruine Kollenberg.

Restaurant:

- Burgschänke: fränkische Vesperwirtschaft in der Henneburg mit Biergarten und Blick aufs Maintal; Große Steig 16, 97909 Stadtprozelten, Tel. 0171 2807438

Unterkunft:

- Main Motel: einfach, aber schick, direkt am Main im Nachbarort Dorfprozelten; Antoniusgasse 5, 97904 Dorfprozelten, Tel. 0157 85303264, *main-motel.de*

24 Obernburg

DIE STADT AUF DER STADT

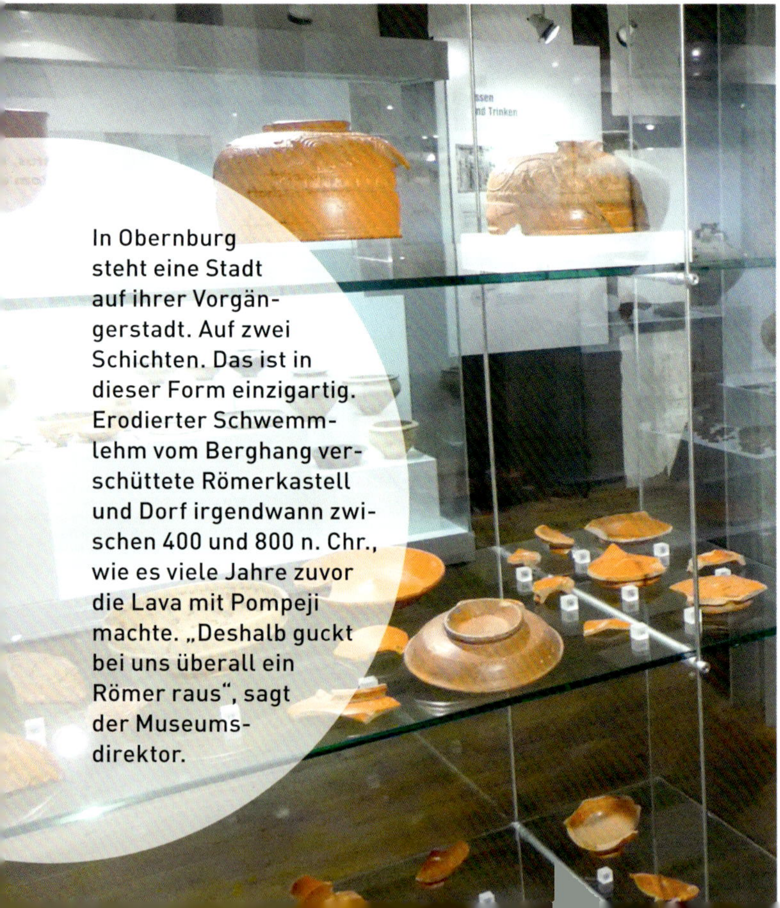

In Obernburg steht eine Stadt auf ihrer Vorgängerstadt. Auf zwei Schichten. Das ist in dieser Form einzigartig. Erodierter Schwemmlehm vom Berghang verschüttete Römerkastell und Dorf irgendwann zwischen 400 und 800 n. Chr., wie es viele Jahre zuvor die Lava mit Pompeji machte. „Deshalb guckt bei uns überall ein Römer raus“, sagt der Museumsdirektor.

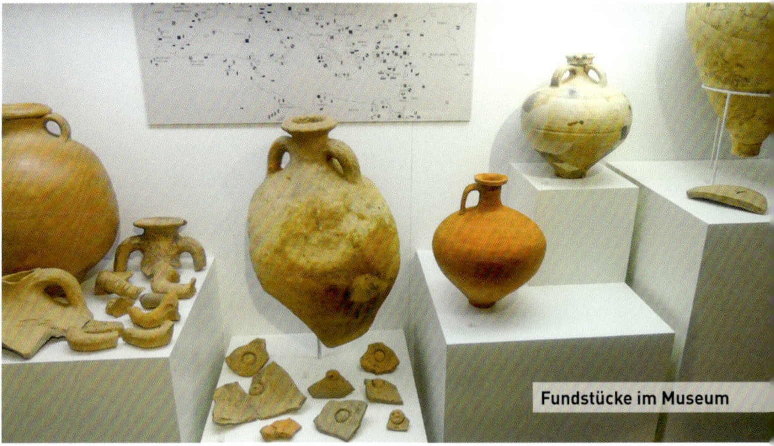

Fundstücke im Museum

Die Kreuzung Via Principalis und Via Praetoria überquerte er in standesgemäßer Tunica wohl so manches Mal: Präfekt Lucius Pretronius Florentinus. Seit 192 n. Chr. war er der Befehlshaber über das Kohortenkastell in Obernburg mit 500 Soldaten. Außerhalb der Wehrmauern siedelten zudem tausend Zivilisten, wo ein buntes Treiben herrschte: an Garküchen und in Herbergen, bei Handwerk und Handel sowie Dienstleistungen von Friseur bis Bordell.

Im Jahr 2022, also mehr als 1800 Jahre später, spaziert Dietmar Fieger von der Römerstraße in die Badgasse. Er trägt Anzug und Krawatte, ist der Erste Bürgermeister der Stadt Obernburg mit 8700 Einwohnern. „Hier kann man eine Zeitreise in die antike Welt machen", sagt Fieger, „denn die ehemaligen Straßen Via Principalis und Via Praetoria liegen exakt unter der Römerstraße und Badgasse, wie das ganze römische Kastell des Lucius Pretronius Florentinus direkt unter der Altstadt Obernburgs liegt!"

Eine Stadt auf der Stadt? In zwei Schichten sozusagen? Tatsächlich befindet sich der heutige Stadtkern genau auf dem Kastell, das ab 107 n. Chr. gebaut wurde. „Das ergaben zahlreiche Gra-

Römischer Grabstein

bungen der letzten 120 Jahre, die jeweils ein Fenster in die römische Vergangenheit öffneten", erklärt Eric Erfurth, Leiter des Römermuseums in Obernburg.

Erodierter Schwemmlehm vom Berghang verschüttete Kastell und Dorf irgendwann zwischen 400 und 800 n. Chr. Auf der 60 bis 200 Zentimeter dicken Lehmschicht entstand im Mittelalter ein neues prosperierendes Städtchen. „Deshalb schaut bei uns überall ein Römer raus", sagt Eric Erfurth anschaulich. Bei fast jedem Eingriff in den Boden kommt tatsächlich Römisches hervor. Bürgermeister Fieger fühlt sich „irgendwie auch als Bürgermeister des antiken römischen Dorfs" und schlüpft manchmal „in die Rolle des Benefiziariers Gaius Ianuarius Victorinus, der 223 n. Chr. seinen Dienst bei uns getan hat": Dann wird aus dem heutigen Bürgermeister ein römischer Stadtführer.

Das Kastell war bis 275 n. Chr. Teil des Obergermanisch-Raetischen Limes. Kaiser Domitian hatte schon im 1. Jahrhundert n. Chr. die Idee zu diesem Schutzwall gegen die Germanen. 2005 wurde des Kaisers Idee als Meisterwerk des menschlichen Geistes, wie es in der UNESCO-Begründung hieß, zur Welterbestätte gekürt. Obernburg ist ein Teil davon und nirgends findet man etwas Vergleichbares: eine Stadt auf der Stadt.

Bernd Steidl von der Archäologischen Staatssammlung in München, sozusagen „oberster Römer in Bayern" (laut Eric Erfurth), war verantwortlich für die Ausgrabung der Benefiziarierstation und erinnert sich: „Als ich ankam, sah ich, wie gerade ein römischer Altar mit dem Bagger ausgehoben werden sollte!

Mittelalterliches Stadttor

Mit einem Bagger! Am Anfang war dort einfach nicht klar, welche Bedeutung diese Ausgrabung haben würde." Die Benefiziarierstation befand sich im Dorf vor dem Kastell, wo der Repräsentant des Kaisers die Geschicke führte. Sie ist bis heute die einzige vollständig erhaltene Station dieser Art im ganzen einstigen römischen Imperium.

Der Welterbestatus hat aber auch Folgen: Aufgrund der Auflagen durch Denkmalschutz und UNESCO kommt es nicht mehr zu Forschungsgrabungen und viele Haus- und Grundstücksbesitzer in der Obernburger Innenstadt verzichten auf Baumaßnahmen, da sie höchstwahrscheinlich auf archäologisch bedeutsame Schichten treffen würden, was zu zeit- und kostenintensiven Rettungsgrabungen führen würde. „Da gibt es bei unseren Bürgern gemischte Gefühle", sagt der Bürgermeister. „Wir haben Begeisterte für unsere römische Historie. Und wir haben Leuten, die beim Bauen höhere Kosten scheuen." Das Gefundene gehört (in Bayern, anders als im Rest von Deutschland) zwar mindestens zur Hälfte dem Grundstücksbesitzer, aber „viele Fundstücke sind vergleichsweise wenig wert. Römische Münzen hat man inzwischen mehr als genug ausgegraben", erklärt der Museumsleiter.

Die Stadt unter der Stadt

Die Jupiersäule ...

... und ihre Geschichte

2015 wurde bei Baumaßnahmen eine vier Meter hohe Jupiter-Gigantensäule entdeckt: noch ein Sensationsfund, weil fast die ganze Säule erhalten war und nicht nur Teile davon. „Das war unglaublich spannend", erinnert sich Bauherrin Alexandra Duesmann, „aber ich wusste nicht, was da auf uns zukommt": Allein die Archäologen benötigten zwei Monate für ihre Arbeit. „Wir als Eigentümer verkauften die Säule an die Archäologische Staatssammlung in München", sagt Alexandra Duesmann. Damit der Sensationsfund aber nicht in Vergessenheit gerät, ließ sie in der Römerstraße 3, in Sichtweite des Fundorts, eine Replik aufstellen, „damit die Attraktion ein stückweit für die Römerstadt Obernburg erhalten bleibt".

Auch Originale sind im Straßenbild zu sehen wie etwa die Zinnensteine der Kastellmauer oder der Weihestein von Lucius Pretronius Florentinus. Andere Funde, zum Beispiel ein Apollo-Relief, Skulpturen und Grabsteine, sind im kleinen städtischen Römermuseum ausgestellt. Die bedeutendsten Stücke aber gingen nach München an die Archäologische Staatssammlung. Nachbauten, wie es sie etwa in Xanten gibt, sind zur Zeit in Obernburg nicht geplant, wohl aber virtuelle Rekonstruktionen und die Erweiterung des Museums zum Museumskarrée, in dem dann „Sonderausstellungen mit Exponaten aus München stattfinden können", so der Bürgermeister. „Alle römischen

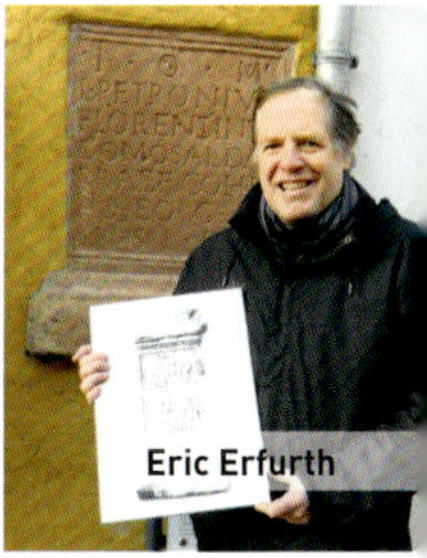

Fundorte sollen in 3D erfasst werden", erklärt Museumsleiter Erfurth. „Ein Mega-Projekt mit der Vision, dass wir mit 3D-Brillen durchs römische Obernburg gehen können." Dann braucht es nur noch ein wenig Fantasie, um sich Römer, Marktgeschrei und Fuhrwerke von vor 1800 Jahren lebhaft vorzustellen ... Der Archäologe Bernd Steidl sagt schon jetzt und ohne 3D: „Obernburg ist der tollste Platz am Limes!"

Info

Lage: Obernburg liegt im Landkreis Miltenberg, 20 Kilometer nördlich der Kreisstadt.

Auskunft: Römerstraße 62, 63785 Obernburg, Tel. 06022 619128, *obernburg.de*

Aktivitäten:

- Römische Stadtführungen im antiken Gewand, regelmäßig und auf Wunsch, Tel. 06022 506311, *obernburg.de/kultur-geschichte/roemermuseum*
- Kleinkunstbühne Kochsmühle, die der Kabarettist Urban Priol einst ins Leben rief, *kochsmuehle.de*

Event: Altstadtfest im August, *churfranken.de*

Museum: Römermuseum, Untere Wallstraße 29a, *obernburg.de/kultur-geschichte/roemermuseum*

Restaurant:

- Landgasthaus Römerhof: mit schönem Biergarten und gutbürgerlicher Küche. Es gibt auch einfache Zimmer; Römerstraße 83, 63785 Obernburg, Tel. 06022 61550, *roemerhof.de*

Unterkunft:

- Seehotel: im nahen Niedernberg findet man 4-Sterne-Zimmer, ein gutes Restaurant, Ruhe, Saunen, Pools und im Sommer einen Privatstrand am See; Leerweg 1, 63843 Niedernberg, Tel. 06028 9990, *seehotel-niedernberg.de*

25 Klingenberg

AB IN DIE HECKE

Zwischen Aschaffenburg und Miltenberg liegt die kleine Stadt Klingenberg mit seiner Clingenburg aus dem 11. Jahrhundert, den steilsten Weinbergen Frankens und einer Altstadt, in der Ateliers statt Leerstand das Bild prägen. Es gibt erstklassige Tropfen, zu zwei Drittel Rotweine. Wer ins unterfränkische Klingenberg kommt, wird einige Überraschungen erleben.

Florian Lutz trägt Leiterchen für Leiterchen aus der Küche. In seinem „Goldenen Fass“ geht es hoch her: bei Weinseligkeit und Hausmannskost, Tratsch und Spaß. Ein Mann schlägt seinem Nachbarn freundschaftlich auf die Schulter. „Weißt du denn, was ein Leiterchen ist?“, fragt er. Der Nachbar zuckt mit den Schultern. „So heißt Rippchen mit Kraut bei uns“, sagt der Mann.

In die Hecke gehen heißt in Klingenberg und Umgebung, eine Häckerwirtschaft besuchen. Die privaten Gaststuben, jeweils auf wenige Tage Öffnungszeit begrenzt, ermöglichen Winzern wie Florian Lutz ein paar Nebeneinkünfte und Einheimischen wie Gästen Hausgemachtes und Weine direkt vom Hof. Tische für Einzelpersonen oder Reservierungen gibt es nicht. Man setzt sich zusammen. Hört, was im Ort los ist. Man isst zusammen, trinkt zusammen, „babbelt“ zusammen. Denn Klingenberg gehört zwar zu Franken, gesprochen wird aber hessisch. Die Termine entstehen durch die Arbeit am Weinberg und in der Kellerei. Aufgetischt werden frisches Kesselfleisch, fränkische Brat- und Leberwürste, Kochkäs oder eben Leiterchen, alles für geringes Geld. Typischer und günstiger kann man im Mainviereck kaum ausgehen.

Der Torturm

Einer der wenigen im Ort, der nicht so gern in die Hecke geht, ist Ralf Reichwein: „Dann müsste ich ja zu jedem gehen“, sagt der Bürgermeister. Immerhin gibt es 50 Winzer. 45 von ihnen machen ihren Wein nebenerwerbstätig. Vor ein paar Jahren hatte Reichwein eine Idee: „Die Altstadt muss

Dorf, Wein ...

... und Kunst

leben! Und wenn Kunst unserer Kultur begegnet – wir verstehen Wein als Kultur –, dann kann eine Stadt zum Atelier werden! Dachte ich ..." Denn der Bürgermeister sah, dass einige Läden in der Altstadt leer standen und durch Corona wurden es noch mehr. Das stand auch dem Stadtschloss, den schönen Türmen und dem Ringwall nicht gut zu Gesicht. Der Metzger zog aus, der Milchladen verschwand, auch das Elektrogeschäft. „Nichts ist doch schlimmer, als in leere Schaufenster und Geschäfte zu blicken", sagt Carina Breunig, die ihr Geschäft behalten hat: Ihre Modeboutique liegt mitten in der Altstadt. Inzwischen sind nicht mehr die Metzgerei, der Milchladen oder das Elektrogeschäft die Nachbarn, sondern Ateliers. Bürgermeister Reichweins Idee und das Interesse von rund 60 Künstlern des Vereins „Kunstraum Churfranken" entwickelte sich von ersten Versuchen peu à peu weiter. Heute bespielen jeweils bis zu fünf Künstler fünf Kunsträume in leeren Geschäften: „Niemand wählt aus. Jeder kann mitmachen, der in den ‚Kunstraum' eintreten will und bereit ist, sich auch an einem Jugendprojekt zu beteiligen", erklärt der Bürgermeister. Dafür bekommen die Künstler die ehemaligen Läden für einen symbolischen Mietpreis von 25 Euro pro Monat. Malerin Ilona Meisenzahl, Gründungsmitglied des Vereins „Kunstraum Churfranken", sagt: „Mit Aktionen wie ‚Uff de Gass' machen wir Projekte, um den Kontakt mit den Bürgern und Anwohnern zu fördern. Mittlerweile gehören wir zum Bild der Altstadt. Die Künstler sitzen ja auch gerne vorm Atelier. Und unsere jährlich stattfindende Nacht der Ateliers, Ende Juli, ist ein beliebtes Fest!" Zu Vernissagen, meist „uff de Gass", also auf der Straße, kommen bis zu 150 Leute. Jeder Künstler kann sein Atelier selbst gestalten, eigene Events und Kurse durchführen.

Sogar ein ehemaliges Sterne-Restaurant war zeitweilig ein Kunstraum. 16 Jahre hielt Ingo Holland mit seinem Restaurant „Zum Alten Rentamt" in Klingenberg einen Michelin-Stern. Nach Leerstand und Kunstraum soll wieder ein Restaurant einziehen. Auch Holland findet „die Idee mit den Kunsträumen gut, aber auch ausbaufähig": Für eine Belebung der Altstadt müsste es noch mehr Künstler mit mehr Präsenz, vor allem unter Woche, geben. Die Ateliers sind bislang nur am Wochenende geöffnet, bieten aber dann, wenn die anderen Geschäfte geschlossen sind,

Im Alten Gewürzamt

Abwechslung unterhalb vom Schlossberg, eine der besten Lagen der Gegend, wo große Gewächse am Steilhang unter der Ruine Clingenburg aus dem 11. Jahrhundert gedeihen. „So sind die Läden wenigstens nicht leer und die Altstadt zeigt Farbe!", meint Holland, der wegen seiner Unzufriedenheit mit den einst in sein Restaurant gelieferten Gewürzen das „Alte Gewürzamt" gründete, in dem er nun alle möglichen Gewürze anbietet und neue Gewürzmischungen entwickelt.

Anja Stritzinger, ihr Vater und der Alte Satz

Nicht weit von der Top-Lage Schlossberg entfernt, treffen wir inmitten der Klingenberger Steilterrassen, die zu den steilsten in Franken gehören, Anja Stritzinger, die sich an eine alte Tradition erinnerte: „Der Alte Satz ging zu Beginn des 20. Jahrhunderts verloren, als man den sortenreinen Anbau von Reben großflächig einführte. Aber wir haben an unserem Alten Weinberg noch immer 20 unterschiedliche Rebsorten!", sagt die Bio-Weinbäuerin. Neben Spätburgunder oder Trollinger gibt es kaum mehr zu findende Rebsorten wie Roter Gutedel oder Weißer Honigler – und 70 Wildkräuterarten. Die Verarbeitung des Alten Satzes erfolgt per Hand, der Ausbau im kleinen Holzfass, wo der Wein mindestens neun Monate lagert und dann in Burgunderflaschen abgefüllt wird. „Wir verkorken unsere Flaschen noch", sagt Anja stolz. Dafür gehört ihr im überwiegend auf Schraubverschluss setzenden Franken eigentlich eine Auszeichnung verliehen, denn das unnachahmliche „Plopp" beim Öffnen einer Flasche mit einem Korkenzieher und die damit einhergehende Vorfreude auf ein leckeres Glas Wein gehört zum Weingenuss wie das Riechen und Kosten. Auch wenn Naturkorken teuer sind. Bürgermeister Reichwein ist das ziemlich egal: Er trinkt keinen Alkohol. Dafür wurde seine Idee real: eine Stadt als Atelier, mit Hecke und Kultur.

Info

Lage: Klingenberg liegt im Landkreis Miltenberg, etwa 13 Kilometer nördlich der Kreisstadt.

Auskunft: Wilhelmstraße 12, 63911 Klingenberg a.Main, Tel. 09372 13360, *stadt-klingenberg.de*

Aktivitäten: Der Rotweinwanderweg ist insgesamt 79, die Teilstrecken ab Klingenberg sind vier und zehn Kilometer lang (nach Erlenbach und Großheubach).

Events:

- Clingenburg Festspiele: Juni bis August, *clingenburg-festspiele.de*
- Nacht der Ateliers: im Juli, *kunstraum-churfranken.de/klingenberg/offene-ateliers*
- Winzerfest im August

Museum: Weinbau- und Heimatmuseum: Besichtigung auf Anfrage, Tel. 09372 13351, *stadt-klingenberg.de/seite/de/churfranken/036:457/-/Weinbau-und_Heimatmuseum.html*

Restaurants:

- Termine für Häckerwirtschaften: *churfranken.de*
- Katharinenhof: Katharina Wengerter gab den Namen, Klaus Wengerter zeigt seine Kochkunst (zuvor Schweizer Stuben, Bettingen, zwei Michelin-Sterne!). Es gibt Ente oder Gänsekeule und schöne Zimmer; Langgasse 35, 63911 Klingenberg a.Main, Tel. 09372 99890, *katharinenhof-klingenberg.de*

Unterkunft:

- Köhlichs Paradeismühle: 3-Sterne-Landhotel im Röllbachtal. Einige Zimmer sind mit Stücken des ehemaligen Bundesregierungshotels Petersberg möbliert. Gutes Restaurant, viel Ruhe; Paradeismühle 1, 63911 Klingenberg a.Main, Tel. 09372 4080, *paradeismuehle.de*

26 Amorbach

KEINE PANIK!

In der Barockstadt trifft der Spessart auf den Odenwald. Seit 734 gibt es die Abtei, Theodor W. Adorno schrieb über „Meine Kindheit in Amorbach“, Max Planck kam in den Ferien und auch Udo Lindenbergs Sonderzug nach Pankow ist dort zu finden. Udo hat die Lok höchstpersönlich künstlerisch gestaltet. Eine Geschichte, die 1983 beginnt und in Amorbach endet.

„Entschuldigen Sie, ist das der Sonderzug nach Pankow?
Ich muss mal eben dahin
mal eben nach Ost-Berlin
Ich muss da was klären, mit eurem Oberindianer
Ich bin ein Jodeltalent
und will da spielen mit 'ner Band …"

Dieses Lied kennt in Deutschland jeder. Obwohl es schon seinen 40. Geburtstag feiert! Es war der 2. Februar 1983, als Udo Lindenbergs Schlager „Sonderzug nach Pankow" veröffentlicht wurde, in dem er lässig bei DDR-„Oberindianer" Erich Honecker um eine Tournee in der DDR bat. Pankow wurde damals im Volksmund als Synonym für den Regierungssitz der sowjetisch besetzten Zone benutzt.

Ein gutes halbes Jahr später, am 25. Oktober des gleichen Jahres, fuhr Udo tatsächlich nach Ost-Berlin zu seinem einzigen Konzert in der DDR – mit Hut und Sonnenbrille, doch ohne Sonderzug: Er nahm in Berlin den Übergang Invalidenstraße und wurde auf DDR-Seite von FDJ-Vertretern abgeholt, denn die hatten ihn offi-

Udos bemalter Sonderzug

ziell zu einem Friedenskonzert eingeladen. Den „Sonderzug nach Pankow“ durfte er vor dem handverlesenen DDR-Jugend-Publikum nicht spielen und eine Tournee blieb ihm auch verweigert.

„Ich hab'n Fläschen Cognac mit und das schmeckt sehr lecker
Das schlürf ich dann ganz locker mit dem Erich Honecker …“

Im Juni 1987 schickte Lindenberg Honecker als Geschenk keinen Cognac, aber eine Lederjacke. Der sendete seinerseits zum Dank eine Schalmei (ein Holzblasinstrument) an Udo. Drei Monate später trafen sich die beiden sogar bei einem Besuch Honeckers in Wuppertal, umringt von zahlreichen Schaulustigen, aber es blieb dabei: kein Sonderzug nach Pankow, keine DDR-Tournee, nicht einmal ein Gläschen Cognac.

Konterfei auf der Lok

„Und ich sag: Ey Honey ich sing für wenig Money
Im Republik-Palast wenn ihr mich lasst …“

Aber sie ließen ihn nur ein einziges Mal, eben 1983. Also fuhr der „Sonderzug nach Pankow“ nach Magdeburg. Allerdings mit 20 Jahren Verspätung. 2003 bemalte und beklebte Lindenberg eigenhändig eine Diesellok der Baureihe 218, die den Sonderzug am 3. Oktober zur zentralen Feier zum Tag der Deutschen Einheit von Berlin nach Magdeburg zog. Mit an Bord gut 400 Gäste, darunter Künstler von Pomp Duck und Circumstance, Nena, Ben Becker, Otto Sander, das Panik-Orchester und viele Udo-Doubles.

„Honey ich glaub du bist doch eigentlich auch ganz locker
Ich weiß tief in dir drin bist du doch eigentlich auch 'n Rocker
Du ziehst dir doch heimlich auch gerne mal die Lederjacke an
Und schließt dich ein auf'm Klo und hörst West-Radio …“

Das gab Udo auch 2003 in Magdeburg zum Besten. Honecker war da schon knapp zehn Jahre tot. Danach verschwand die Udo-Lok mit der Nummer 218 212 aus dem Rampenlicht. Dabei tat die bemalte Diesellok mit ihren 2650 PS, 1973 von „Krupp“ gebaut, noch ein paar Jahre ihren regulären Schienendienst für die Südostbayern-Bahn, ehe sie auf dem Abstellgleis in Mühldorf am Inn landete, um als kunterbunter Ersatzteilspender zu dienen.

Doch so armselig sollte das Ende der Udo-Lok nicht kommen. Für einen Euro retteten Eisenbahnfreunde Udos fahrendes Kunstwerk und brachten es nach Amorbach in Unterfranken. Dort steht die Lok auf Gleis 1 im Erlebnisbahnhof und ist das Highlight im Eisenbahnmuseum mit 10.000 Exponaten. Angehängt sind ein TEE-Schlafwagen mit 27 Betten in verschiedenen Abteilen, in denen man übernachten, und ein ehemaliger Reichsbahn-Speisewagen aus der DDR, der zu Ehren der First Lady von Amorbach „Eilika, Fürstin zu Leiningen“ getauft wurde, in dem man speisen kann. So endet die Geschichte vom Sonderzug nach Pankow in der Barockstadt Amorbach.

Von der mächtigen Abtei Amorbach, 734 für nur 30 Mönche erstmals in den Urwald gebaut, könnte man ebenfalls viele weitere und ganz andere Geschichten erzählen: Vom Abt, der vier Fleischspieße pro Tag erhielt, wie alte Speisepläne zeigen. Von der A3 des Mittelalters, auf der Wein, Stein und Holz vertrieben wurden. Von der Säkularisation, als die Fürsten von Leiningen – mit engen Beziehungen zum britischen Königshaus und Fürstentum

Die Abtei

Monaco – den Zuschlag für die Abtei erhielten. In den Bücherschränken stehen deshalb auch die 35.000 Bücher der Bibliothek der Fürsten zu Leiningen. In der Abtei ist bis heute alles original, auch der Kunstmarmor, ein nahezu perfektes Imitat aus Gips! Nur für den Altar in der Klosterkirche konnte man sich echten Marmor leisten. Die Orgel gehört dafür mit 5000 Pfeifen zu den größten Europas.

Die komplette Altstadt, in der Andreas Fürst zu Leiningen bis heute wohnt (im gelben Anwesen neben der katholischen Kirche), steht unter Denkmalschutz: Rathaus, Kirchen, Fachwerk, Kopfsteinpflastergassen machen Amorbach zu einem Schmuckkästchen der Architektur. Am Haus des Richters am Marktplatz hält ein Schreckkopf das Böse fern. Und das Hohe Haus brachte es schon 1472 auf 25 Meter Höhe, errichtet aus 10.400 Schieferschindeln.

Am Marktplatz

Philosoph Theodor W. Adorno schrieb mit „Meine Kindheit in Amorbach" sein persönlichstes Buch: Erinnerungen an die ländliche Idylle, an sein „Lieblingsstädtchen", in dem er jedes Jahr seine Ferien verbrachte, an das Paradies seiner Kindheit. Auch Max Planck kam in die Sommerfrische nach Amorbach und einmal wurde sogar der berühmte Professor Ferdinand Sauerbruch geholt, weil es dem Nobelpreisträger der Physik nicht gut ging …

Die 5000 Amorbacher haben also einiges zu bieten und erfreuen sich mit fränkischer Gelassenheit an ihrem Städtchen und dem Leben. Eine Einstellung, die linientreuen Kommunisten und Diktatoren wie Honecker fremd waren und sind.

„Honey kanst mich hören jodelodeldido
Hallo Erich kannst mich hören jodelodeldido …“

Gehört hat Honecker „den kleinen Udo“ damals schon, aber verstanden hat der vergreiste Staatsratsvorsitzende den lockeren Panik-Rocker nie …

Info

Lage: Amorbach liegt im Landkreis Miltenberg, ca. neun Kilometer südlich der Kreisstadt.

Auskunft: Schlossplatz 1, 63916 Amorbach, Tel. 09373 2090, *amorbach.de*

Aktivitäten: sechs Golfplätze in der Nähe, z. B. *golf-sansenhof.de*

Event: Kabarettfestival, *sommerrausch.de*

Museum: *eisenbahnfreunde-westfrankenbahn.de*

Restaurant:

- Brauereigasthof Burkarth: Odenwald-Küche mit Kochkäseschnitzel oder Hirschgulasch. Eigenes Bier, Odenwald-Apfelwein, große Terrasse; Marktplatz 4, 63916 Amorbach, Tel. 09373 593 8158, *brauereigasthof-burkarth.de*

Unterkünfte:

- Emich's Hotel: moderne 4-Sterne-Zimmer in historischem Haus im Zentrum. Einst Urlaubsdomizil von Adorno; Schmiedsgasse 2, 63916 Amorbach, Tel. 09373 2058028, *emichs.com*
- Der Schafhof: ehemaliges Klostergut, gehoben, rustikal, zehn Autominuten außerhalb, fernab von jeglicher Hektik. Kaum ein Landhotel in Unterfranken liegt so idyllisch. Hervorragende Restaurants, bestens bestückter Weinkeller; Schafhof 1, 63916 Amorbach, Tel. 09373 97330, *schafhof-amorbach.de*

27 Wertheim

BADEN-WÜRTTEMBERGISCHES FRANKEN

Als Wertheim 779 erstmals urkundlich erwähnt wurde, wusste niemand etwas von Marktrechten, Burgbau, späterer Zerstörung und schon gar nicht von einem gewissen Napoleon Bonaparte, der die Stadt mit heute 22.000 Einwohnern 1806 einfach ins Königreich Baden eingliederte. Sagt man heute Wertheim, denkt keiner mehr an den Kaiser der Franzosen, sondern nennt die Burg – immer noch –, die A3 und das „Wertheim Village", jenes Outlet, das mit mehr als hundert Boutiquen bundesweit bekannt wurde, weil es ganzjährig mit Ermäßigungen auf exklusive Markenware lockt. Dabei bietet die mittelalterlich anmutende Altstadt an der vom Main gebildeten Grenze zwischen Bayern und Baden-Württemberg doch viel mehr: gut erhaltenes Fachwerk, reich verzierte Bürgerhäuser mit Erkern und Giebeln, den historischen Marktplatz sowie natürlich die Burgruine Wertheim, die innerhalb von 500 Jahren, zwischen dem 12. und 17. Jahrhundert, erbaut wurde, um 1647, kurz nach der Fertigstellung, im Dreißigjährigen Krieg fast komplett zerstört zu

Franken liegt in Bayern. Keine Frage! Und dennoch stimmt das nicht ganz, denn im Zuge der napoleonischen Neuordnungen Anfang des 19. Jahrhunderts erhielt auch Baden fränkische Orte und Gebiete. Zu Besuch in Tauberfranken mit der Grenzstadt Wertheim und Ausflügen nach Tauberbischofsheim sowie Bad Mergentheim.

Die Burg und ...

werden. Das aus rotem Sandstein errichtete Wahrzeichen der Stadt, das 1982 grundsaniert wurde, ist eine der größten, aber auch schönsten Steinburgen Süddeutschlands und erhebt sich auf einem Bergsporn zwischen dem Zusammenfluss von Main und Tauber. In zehn Minuten ist man über die steile Burgsteige oben. Ein Rundgang führt zur Vorburg mit Aussichtsterrasse, der Hauptburg mit Bergfried und der noch höher gelegenen Außenburg. Die Wertheimer sagen allerdings nicht Burg, sondern sprechen gerne von ihrem Schloss. Den schönsten Blick hat man vom Kittsteintor auf die Stiftskirche mit der Burg dahinter. Das Kittsteintor war einer der Zugänge zur Stadt im Mittelalter. In dem barocken Gartenhäuschen nebenan sind alle Hochwassermarken seit 1595 eingemeißelt. Und durch das Tor gelangt man über die Rittergasse zum schönen Rathaus der Stadt.

... die Stiftskirche

Wer von Bayern nach Baden-Württemberg fahren möchte, kann eine der Brücken nutzen, die vom fränkischen Kreuzwertheim ins badische Wertheim führen. Oder man nimmt die nostalgische Überfahrt und nutzt die alte Mainfähre, die das fränkische Stadtprozelten mit dem Wertheimer Ortsteil Mondfeld verbindet (siehe Tipp 23).

Die Franken in Baden – das ist ein Kapitel für sich. Und so sei an dieser Stelle ein kurzer historischer Exkurs erlaubt. Die Franken waren ein germanischer Großstamm und besiedelten ihre Gebiete nördlich und südlich des Mains im frühen Mittelalter. Mitte des 9. Jahrhunderts entstand das Stammesherzogtum Franken, aus dem im Jahr 1500 der Fränkische Reichskreis hervorging, der für fränkische Identität maßgeblich von Bedeutung war. Nach dem Ende des Heiligen Römischen Reiches ordnete Napoleon 1806 große Teile Frankens dem Königreich Bayern zu, während kleinere Gebiete zum Königreich Baden kamen. Dabei darf nicht vergessen werden, dass noch kleinere Teile Frankens heute auch im Südwesten Thüringens und im Osten Hessens zu finden ist.

Tauberbischofsheim mit Schloss und …

Die badischen Franken leben heute vornehmlich in Tauberfranken im Norden Baden-Württembergs. Es ist übrigens das einzige Weinbaugebiet in Baden-Württemberg, das – weil fränkisch – das Recht auf Bocksbeutelabfüllung hat.

Von Wertheim fährt man entlang der Tauber durch das häufig lieblich genannte Taubertal in rund 30 Minuten nach Tauberbischofsheim. Im Wertheimer Vorort Bronnbach kann man sich unterwegs noch das einstige Zisterzienserkloster von 1151 anschauen. „In Bronnbach knallt das Gold des alten Barock auf weißgetünchte Mauern", beschrieb Schriftsteller Kurt Tucholsky einst die Abtei und meinte auch noch: „Ein skeptischer Katholik ist mir lieber als ein gläubiger Atheist."

Die Tauberbischofsheimer Sehenswürdigkeiten befinden sich fast alle in der kreisrund angeordneten Altstadt. Absolutes Zentrum ist der Marktplatz mit dem Rathaus, der Alten Post, der historischen Stern-Apotheke, dem Barock-Palais Mackert und der St. Lioba-Kirche. Man bummelt weiter durch enge Gassen, an fränkischen Fachwerkgebäuden vorbei zum Kurmainzischen Schloss mit dem Tauberfränkischen Landschaftsmuseum sowie zum Türmersturm, dem Wahrzeichen der 13.000-Einwohner-Stadt. Die Tauberbrücke von 1716 baute Balthasar Neumann.

... Rathaus

Bundesweit bekannt ist TBB als Fechterstadt: Die Athleten des Fecht-Clubs Tauberbischofsheim errangen schon knapp 400 Medaillen bei Welt- und Europameisterschaften, darunter auch 40 Medaillen bei Olympischen Spielen. 1988, bei den Sommerspielen in Seoul, standen mit Anja Fichtel, Sabine Bau und Zita Funkenhauser drei Tauberbischofsheimerinnen auf dem Treppchen und holten Gold, Silber und Bronze für Deutschland im Damenflorett.

Bad Mergentheims Zwillingshäuser und ...

Weitere 20 Minuten geht es, abermals an der Tauber entlang, von Tauberbischofsheim nach Bad Mergentheim. Besonders der Karls-, Wilhelms- und Albertquelle verdankt die Stadt mit ihren 23.000 Einwohnern das Bad vor dem Namen. Die Trinkquellen werden ergänzt durch die 33 Grad warme Paulsquelle, die auch die sechs Becken der schönen Solymar Therme speist. Sport- und Kinderbecken, die Saunalandschaft und ein Spa runden das Angebot ab. So ist es kaum verwunderlich, dass ein Brunnen das Wahrzeichen der Stadt ist: Der Milchlingsbrunnen wurde 1926 zum hundertjährigen Jubiläum der Entdeckung der Heilquellen errichtet. Sehenswert sind zudem das Alte Rathaus im Renaissance-Gewand, die 1780 erbauten Zwillingshäuser im frühklassizistischen Stil und das Mörikehaus. Der schwäbische Dichter Eduard Mörike lebte 1844 bis 1851 in Mergentheim, wo er auch geheiratet hat. Später verfasste er das Bonmot: „Wer keinen Humor hat, sollte eigentlich nicht heiraten" ... Im Deutschordensschloss gibt es eine eigene Abteilung, die sich mit dem großen Dichter beschäftigt.

... der Michlingsbrunnen

Info

Lage: Wertheim liegt im Main-Tauber-Kreis, etwa 23 Kilometer nordöstlich von Miltenberg.

Auskunft:

- Gerbergasse 16, 97877 Wertheim, Tel. 09342 935090, *wertheim.de*
- Marktplatz 8, 97941 Tauberbischofsheim, Tel. 09341 80333, *tauberbischofsheim.de*
- Marktplatz 1, 97980 Bad Mergentheim, Tel. 07931 574815, *visit.bad-mergentheim.de*

Aktivitäten: Kanu fahren auf der Tauber, *kanuverleih-main-tauber.de*

Einkaufen: *wertheimvillage.com*

Museen:

- *glasmuseum-wertheim.de*
- *tauberfraenkisches-landschaftsmuseum.de*
- *www.schloss-mergentheim.de*

Restaurants:

- Dinges: gehobene Küche von Heinz-Joachim Dinges; Mühlenstraße 26, 97877 Wertheim, Tel. 09342 9183260, *dinges-wertheim.de*
- Bundschu: leckere Rinderrouladen in Tauberwein; Milchlingstraße 24, 97980 Bad Mergentheim, Tel. 07931 9330, *hotel-bundschu.de*

Unterkünfte:

- Wertheimer Stuben: modern eingerichtetes Mittelklassehotel mit Burgblickzimmern; Rechte Tauberstraße 2, 97877 Wertheim, Tel. 09342 9357270, *wertheimer-stuben.de*
- Das kleine Amtshotel: gut geführtes Haus mit Möglichkeit zum Bierbad im Holzzuber; Amtstraße 2, 97941 Tauberbischofsheim, Tel. 09341 7888, *das-kleine-amtshotel.de*

Main-Spessart

Gemünden und seine Scherenburg

Main-Spessart

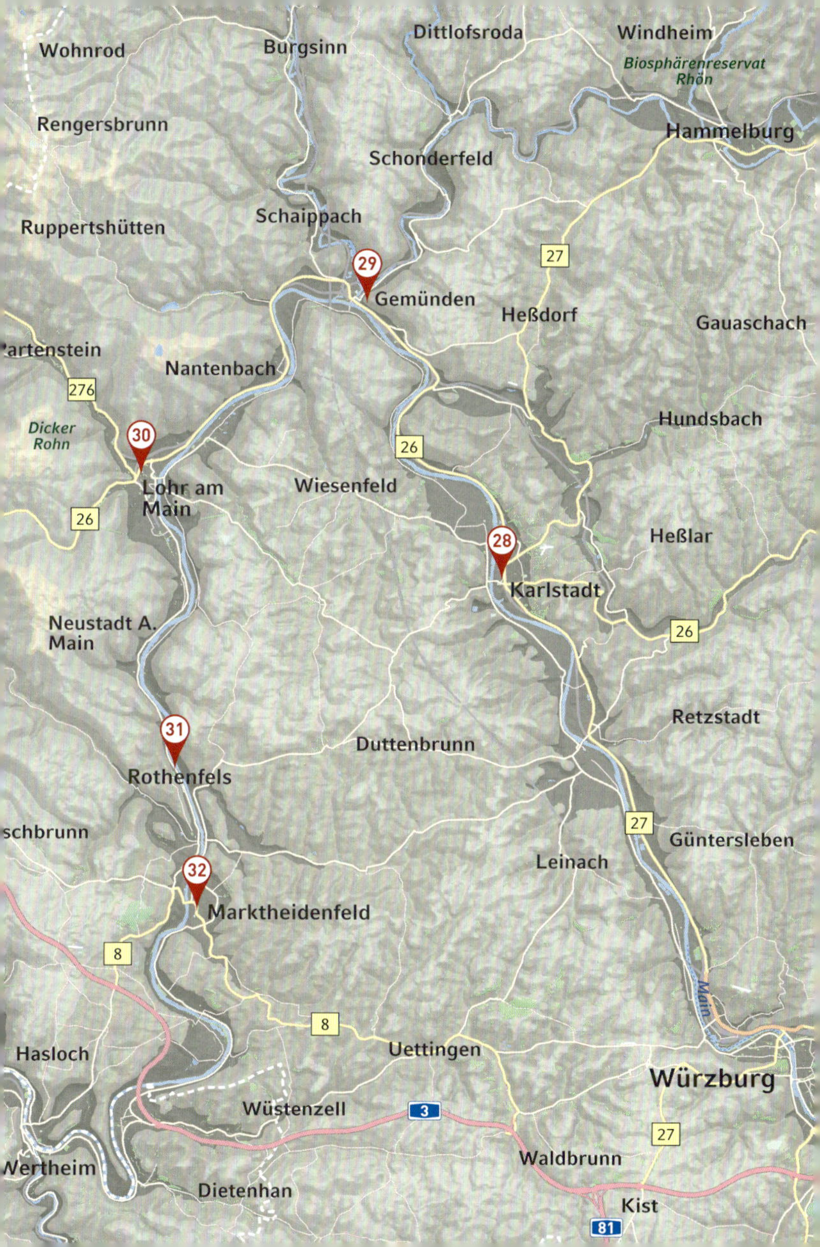
Wohnrod
Burgsinn
Dittlofsroda
Windheim
Biosphärenreservat Rhön
Rengersbrunn
Hammelburg
Schonderfeld
Schaippach
Ruppertshütten
27
29
Gemünden
Heßdorf
Gauaschach
artenstein
Nantenbach
276
Dicker Rohn
30
Hundsbach
26
Lohr am Main
Wiesenfeld
26
28
Heßlar
Karlstadt
26
Neustadt A. Main
Retzstadt
31
Duttenbrunn
Rothenfels
27
schbrunn
Güntersleben
Leinach
32
Marktheidenfeld
8
Main
8
Hasloch
Uettingen
Würzburg
Wüstenzell
3
27
Wertheim
Waldbrunn
Dietenhan
Kist
81

28 Karlstadt

STADT DES FREIEN MANNES

Karlstadt, die um 1200 am Reißbrett konzipierte Stadt, war von Anfang an mit dem Stadtrecht ausgestattet. Einst war sie hinter Würzburg die zweitwichtigste Stadt Unterfrankens und ist heute ein gemütliches Kleinstädtchen mit Türmen und historischen Gebäuden. Die stauferzeitliche Stadtarchitektur mit Rastergrundriss ist noch immer nahezu unversehrt.

Drei scheinbar glückliche Menschen machen in einem überdimensionalen Römerglas ein Nickerchen: Mit der Unterzeile „Frankenwein ist ein idealer Schlummertrunk!" Eine schöne Nackte räkelt sich auf einem grünen Sofa mit einem grünen Bocksbeutel im Arm und der Text besagt: „Ich trinke Frankenwein, denn dann bin ich nicht allein!" Und ein weinseliger Sklave robbt mit Halsband und Hundeleine auf allen Vieren vor seiner Gebieterin und meint: „Ich krieche meilenweit für eine Domina!" Domina – das muss man wissen – ist im Frankenland eine begehrte Rotweinrebe ...

Im fränkischen Wein-Karikaturen-Museum hat der Karlstadter Karikaturist Carlo Dernbach rund 50 Weinkarikaturen ausgestellt: Es ist seine persönliche Hommage an den Frankenwein, denn „Humor und Wein passt in mein Museum rein", so das Motto.

Wein-Karikatur

Natürlich ist Carlo Dernbachs kleine Ausstellung nur ein kleiner Tupfer gegenüber dem Museum Karlstadt, das einen repräsentativen Einblick in mehr als 200.000 Jahre Menschheitsgeschichte gibt: von der Steinzeit bis ins Mittelalter. Einen Schwerpunkt bilden die Karolinger, die die Region um Karlstadt stark geprägt haben. In dem Gebäude aus dem 14. Jahrhundert sind aber auch Nachbauten der Himmels- und Erdgloben sowie das wissenschaftliche Werk des Astrologen, Astronomen, Geografen und Globenbauers Johann Schöner zu sehen, der in Karlstadt geboren wurde und einst den seltenen braunen 1000-DM-Schein zierte. Auch der Vater der deutschen Chemie, Johann Rudolph Glauber (1604-1670) ist Karlstadter: Er entdeckte das Natriumsulfat, das nach ihm auch Glauber-Salz genannt wird und als Abführmittel dient.

Museum

Karlstadt hat 15.000 Einwohner und die Konzeption der stauferzeitlichen Stadtarchitektur mit Rastergrundriss ist nahezu unversehrt: In der von Mauern, Türmen und Toren umgebenen Altstadt entdeckt man neben den städtebaulichen Strukturen aber auch Bauwerke, die sich über mehr als acht Jahrhunderte erhalten haben. Besonders der romanisch-gotische Kleinstadtdom St. Andreas, das treppengieblige Historische Rathaus (siehe Foto S. 162) und die kunstvollen Fachwerkfassaden der stolzen Bürgerhäuser präsentieren eindrucksvoll die Baukunst vergangener Tage und sind Zeugen des Reichtums im 15. Jahrhundert. Karlstadt war nach Würzburg die wichtigste Stadt im Hochstift Würzburg sowie Amtsstadt der weltlichen Verwaltung im Herzogtum Franken.

Der Turm am Maintor

Das Maintor sicherte am Westende den Zugang. Die Außenseite des Torbogens ist mit ihren Hochwassermarken eine steinerne Chronik der oft verheerenden Überschwemmungen vor der Main-Regulierung. Der Mühlturm bildet den östlichen Eckpfeiler der Stadtbefestigung, der obere Torturm den südlichen Zugang zur Stadt. Bis Anfang des letzten Jahrhunderts war er Sitz des Stadttürmers. Im Volksmund wird er aufgrund einer Legende als Katzenturm bezeichnet. Sie erzählt vom letzten Türmer der Stadt, der einen Fall aus dem Turm auf einen großen Reisighaufen unbeschadet überstand – wie eine Katze ... Und schließlich gibt es noch den Roten Turm im Norden, der seinen Namen vom roten Verputz hat, den er im 16. Jahrhundert erhielt. Die Farbigkeit soll übrigens wiederhergestellt werden.

Das Historische Rathaus dominiert und ziert den Marktplatz im Zentrum. Das 1422 als Rat-, Kauf- und Tanzhaus errichtete Gebäude mit seiner dreischiffigen Markthalle im Erdgeschoss und dem bis heute größten Bürgersaal Frankens verkörpert den Urtyp eines deutschen Rathauses. Die Treppengiebel geben dem sonst eher schlichten Äußeren seinen unverwechselbaren Charakter. Den First krönt das Glockentürmchen der Rathausuhr. Darüber steht in einer Nische das 1718 von dem Karlstadter Bildhauer Kilian Schüßler geschaffene Schwedenmännle. Es lässt fünfmal täglich (um 12, 14, 16, 18 und 20 Uhr) ein Söldnerlied ertönen, das in der gesamten Altstadt zu hören ist.

Der Name Karlstadt leitet sich von der Burg ab und der Namensbestandteil Karl ist das althochdeutsche Wort für (freier) Mann, das später als Vorname verwendet wurde. Wer den halbstündigen Aufstieg zur Karlsburg nicht scheut, wird mit einem herrlichen Ausblick über Karlstadt, die Umgebung und das Maintal belohnt. Die erste Burganlage wurde bereits im 10. Jahrhundert errichtet und im Laufe der Zeit mehrmals umgebaut. Nachdem die Karlstadter Bürger die Festung im Bauernkrieg 1525 nach langem Zögern zerstörten – kurz bevor der Krieg im Hochstift Würzburg blutig niedergeschlagen wurde –, blieb sie als Ruine stehen. Steinräuber dezimierten die Überreste bis in die Mitte des 19. Jahrhunderts hinein.

Der Katzenturm

Karlstadt war früher auch Weinstadt, doch die Bedeutung des Weines hat wirtschaftlich nachgelassen, ist jedoch weiterhin von kultureller Bedeutung, was am Terroir f, wie die magischen

Am Terroir f

Weinorte in ganz Franken genannt werden, sichtbar wird. Mitten in den Weinbergen und direkt am Weinwanderweg gelegen, bietet er einen fantastischen Blick auf die Weinlage Stettener Stein sowie auf das Maintal. Das Karlstadter Terroir f wurde 2020 vom Deutschen Weininstitut zur Schönsten Weinsicht Franken gekürt.

In der Nähe taucht man schließlich noch in 3500 Jahre Geschichte der Kelten ein. In den Hügelgräbern bei Stetten bestatteten bronzezeitliche Kelten-Gruppen ihre Verstorbenen nach der damaligen Tradition. Eine Nachbildung eines Hügelgrabes in Originalgröße bildet das Kernstück und den Ausgangspunkt eines Rundwegs.

Weihnachtspostamt

Fünf Kilometer südlich von Karlstadt existiert seit 1986 das Weihnachtspostamt in Himmelstadt, an das Kinder zu Weihnachten ihre Wünsche ans Christkind senden. Jährlich werden mehr als 80.000 Briefe, die „An das Christkind, 97267 Himmelstadt" gesendet werden, standardisiert beantwortet – aber immerhin kostenfrei und mit kindgerechten, weihnachtlichen Motiven.

Info

Lage: Karlstadt ist Kreisstadt des Landkreises Main-Spessart und liegt rund 30 Kilometer nördlich von Würzburg.

Auskunft: Hauptstraße 9, 97753 Karlstadt, Tel. 09353 906688, *karlstadt.de*

Aktivitäten:

- 50 markierte Wanderwege
- Klettersteig am Kalbenstein
- Gleitschirmfliegen, *fly-msp.de*
- Segelfliegen, *lsck.de*
- Ausflug, *himmelstadt.de*

Events:

- Sommerfest und Musik in historischen Häusern und Höfen im Juli
- Sechs Weinfeste Juli bis Oktober
- Musikfestival mit Basar und Essensständen, *umsonstunddraussen.de*

Museum: *wein-karikaturen-museum.de*

Einkaufen: grüner Markt, jeden Donnerstag

Restaurants:

- Zeitlos: ein Dutzend verschiedene Schnitzel; Hauptstraße 28, 97753 Karlstadt, Tel. 09353 984097, *zeitlos-karlstadt.de*
- Liesl Karlstadt: nette Kneipe mit Kleinigkeiten, Livemusik; Ringstraße 2, 97753 Karlstadt, Tel. 09353 9767750, *liesl-karlstadt.com*

Unterkünfte:

- Mainpromenade: freundliches, modernes 3-Sterne-Hotel mit Main-Terrasse, Restaurant und Wellnessbereich; Mainkaistraße 6, 97753 Karlstadt, Tel. 09353 90650, *hotel-mainpromenade.de*
- Zum Fehmel-Bauer: relativ kleine, aber angenehme Zimmer; Hauptstraße 22, 97753 Karlstadt Tel. 09353 3320, *fehmelbauer.de*

29 Gemünden

DIE VIER-FLÜSSE-STADT

Passau, die Drei-Flüsse-Stadt, kennt jeder. Aber die Vier-Flüsse-Stadt Gemünden, wo Fränkische Saale, Sinn und Wern in den Main fließen, ist weitgehend unbekannt. War sie sogar für Dichter Joachim Ringelnatz, der durch Zufall dort landete und gleich 15 Schoppen Wein trank.

Die Scherenburg

Gemünden ist dort, wo das Maindreieck endet und das Mainviereck beginnt, wobei der Main der Hauptfluss der 10.000-Einwohner-Stadt ist, deren Namen von den Mündungen kommt. „Ich stieg aufs Geratewohl in Gemünden aus, fand viel Frohsinn, drollige Gassen und Häuser und trank der Kellnerin Therese zuliebe 15 Schoppen Wein", schrieb der Dichter Joachim Ringelnatz über seinen Besuch um 1915 in der Vier-Flüsse-Stadt.

Viel früher, nämlich im Jahre 1243, wurde Gemünden das erste Mal urkundlich erwähnt. Wobei sich die Gemündener darauf berufen, dass schon Karl der Große im 8. Jahrhundert durch das damalige Fischerdorf gereist sei …

Wahrzeichen ist die Ruine der mittelalterlichen Scherenburg hoch über der Altstadt auf einer Bergnase zwischen Main und Saale mit wunderbarem Panoramablick über das Maintal. Über die genaue Entstehungszeit ist nichts bekannt. Im Bauernkrieg 1525 blieb die Scherenburg verschont. Bis zum 18. Jahrhundert war sie sogar noch bewohnt, doch danach begann der Verfall der Anlage.

Saalebrücke ...

Über die alte Saalebrücke, errichtet zwischen 1598 und 1613 unter Fürstbischof Julius Echter, gelangt man in die Altstadt mit dem einzigen erhaltenen Stadttor, dem Mühltorturm, dem Marktplatz und der Fußgängerzone. In der Obertorstraße befinden sich zudem einige gut erhaltene Fachwerkhäuser.

Das Huttenschloss (siehe Foto S. 168) mit seinem angesetzten Türmchen wurde 1711 gebaut und war Rentamt, Lager für den Reicharbeitsdienst und Unterfränkisches Verkehrsmuseum. Heute befindet sich darin das Film-Photo-Ton-Museum, das sich der Geschichte der bewegten Bilder gewidmet hat.

... und Mühltorturm

Für die Burg Rieneck muss man gute fünf Kilometer an der Sinn entlang nach Rieneck fahren. In die bis zu acht Meter starken Festungsmauern des Dicken Turms ist – einzigartig auf dem europäischen Festland – eine romanische Kapelle in Kleeblattform eingelassen.

Lebhaftes Treiben am Marktplatz

Info

Lage: Gemünden liegt im Landkreis Main-Spessart, etwa 45 Kilometer nördlich von Würzburg.

Auskunft: Scherenbergstraße 4, 97737 Gemünden, Tel: 09351 8001-1300, *stadt-gemuenden.de*

Aktivitäten:

- Bootsverleih, *mckamp.de*
- Burgbesuch, *burg-rieneck.de*

Museum: *film-photo-ton.de*

Einkaufen: Flohmarkt an verkaufsoffenen Sonntagen an der Stadtmauer

Restaurant:

- Zur Linde: Tafelspitz, Schweinehaxe; Hafenstraße 1, 97737 Gemünden, Tel. 09351 3357, *zur-linde-gemuenden.de*

Unterkunft:

- Zum Koppen: Gasthof seit 500 Jahren, helle, moderne Zimmer; Obertorstraße 22, 97737 Gemünden, Tel. 09351 97500, *hotel-koppen.de*

30 Lohr

SCHNEEWITTCHENS HEIMAT

„Spieglein, Spieglein an der Wand, wer ist die Schönste im ganzen Land?" Und der Spiegel antwortet: „Frau Königin, Ihr seid die Schönste im Land." Als Schneewittchen sieben Jahre alt war, tritt die Königin wieder vor den Spiegel und stellt ihre Frage. „Frau Königin, ihr seid die Schönste hier, aber Schneewittchen ist tausendmal schöner als Ihr", sagt der Spiegel. Die Königin ist wütend, neidisch und beauftragt einen Jäger, der Schneewittchen töten soll. Aber sie hat die Rechnung ohne die sieben Zwerge gemacht ...

Lohrs 15.000 Einwohner sind felsenfest überzeugt: Schneewittchen war eine von ihnen, die durch das Märchen der Brüder Grimm bekannt wurde. Aber das Städtchen am Main bietet auch sonst viel Romantisches: von der Schlossanlage mit vier spitzen Türmen über das Fischerviertel bis zum mächtigen Bayersturm.

Wenn sonntags im Lohrer Schlossmuseum „Schneewittchens Märchenstunde" ist, kann man trotz der vielen Kinder eine Stecknadel fallen hören. Die Geschichte von „Schneewittchen" zieht die Kleinen in ihren Bann, die Ohren sind gespitzt, die Augen hellwach. Kein Wunder: Das Märchen von Schneewittchen und den sieben Zwergen wird seit mehr als 200 Jahren auf der ganzen Welt erzählt.

„Schneewittchen und die vier Gemeinden" ist kein neues Märchen. Sondern ein Zankapfel: Denn das „Schneewittchen" der Brüder Grimm

Schneewittchen und die sieben Zwerge

hat ein Zuhause. Nur welches und wo? Alfeld in Niedersachsen will die Heimat sein, was ebenso zwei Gemeinden in Hessen für sich reklamieren und – Lohr am Main, das sich selbstbewusst und werbewirksam Schneewittchenstadt nennt. Forschungen zufolge handelt es sich bei Schneewittchens Vorbild um die 1725 in Lohr geborene Maria Sophia Margaretha Catharina von Erthal. Im Lohrer Schloss, im heutigen Spessartmuseum, soll das Vorbild für die Märchengestalt zur Welt gekommen sein und gelebt haben. Der gläserne Sarg, die eisernen Pantoffeln und weitere Fixpunkte des Märchens können für Lohr belegt werden. Im Schloss kann man auch den sprechenden Spiegel sehen. Und der wilde Wald, in dem Schneewittchen ausgesetzt wird, da sind sich alle sicher, muss der Spessart sein.

Spieglein mit Schloss

In der Schneewittchenstadt – glauben wir den Lohrern mal … – steht die denkmalgeschützte, gut erhaltene Schlossanlage von 1340 mit ihren vier spitzen Türmen im Zentrum. Im 15. Jahrhundert kamen Graben und Schlossmauer dazu und auch die Bebauung des Schloss-

Altes Rathaus und ...

platzes, unter anderem die Kellereischeune, ein Fachwerkhaus, in dem einst Holzfässer hergestellt wurden und in dem heute die Touristeninformation untergebracht ist. Davor ist ein Spiegel angebracht, in dem man sich mit Schneewittchens Schloss als fotogenen Hintergrund ablichten kann. Das machen Touristen, aber hin und wieder auch Mopper und Schnüdel. Mopper heißen die hausgemachten Blutwürste aus Lohr, aber auch die gebürtigen Lohrer selbst. Während mit Schnüdel die mit Schnüren zugebundenen Wurstzipfel, aber auch die Zugezogenen gemeint sind. Soll heißen: Ohne Schnüdel gibt's keinen Mopper und nur gemeinsam sind wir stark ...

Ein zweiter Mittelpunkt ist das Alte Rathaus von 1602: Lohr war damals eine bedeutende Stadt und entsprechend repräsentativ sollte das Rathaus sein, mit großen Einfahrtsbogen, durch die die Reiter, ohne abzusteigen, hineinreiten konnten. Direkt am Main gelegen, gab es vier Schiffsbauplätze, das Fischerviertel, das heute unter Denkmalschutz steht, aber auch eine Spiegelmanufaktur.

... Bayersturm

Wer die 147 Stufen im nahen 40 Meter hohen Bayersturm nicht scheut, hat den besten Blick auf die Schneewittchenstadt. Der gut erhaltene Bayersturm hat sechs Stockwerke, wobei in den beiden oberen

Etagen der Türmer mit seiner Familie und seinem ganzen Vieh gelebt hat! Die Türmerwohnung kann man besichtigen.

Und wer sich nicht mehr ganz genau erinnern kann: „Schneewittchen" hat natürlich ein Happy End. Denn Schneewittchen wird selbst zur Königin, während die Neidische zum Schluss in eiserne Pantoffeln schlüpfen muss, die zuvor übers Kohlefeuer gestellt wurden. Und dann muss sie so lange darin tanzen, bis sie tot umfällt ...

Info

Lage: Lohr a.Main liegt im Landkreis Main-Spessart, etwa 43 Kilometer nordwestlich von Würzburg.

Auskunft: Schlossplatz 5, 97816 Lohr a.Main, Tel. 09352 848465, *lohr.de*

Aktivitäten:

- 14 Hörbäume und sechs Hörbänke erzählen Geschichten zu Lohr: an Baum/Bank QR-Code scannen und anhören, Lageplan bei der Stadtinfo
- Boule spielen, hinter dem Bahnhof, Dienstag und Donnerstag Nachmittag

Event: „Schneewittchens Märchenstunde", im Sommer, am zweiten und vierten Sonntag

Museum: *spessartmuseum.de*

Restaurant:

- Weinhaus Mehling: einfache Küche mit viel Käsegerichten wie Spätzle mit Röstzwiebeln. Eigene Bäckerei; Hauptstraße 30, 97816 Lohr a.Main, Tel. 09352 2602, *weinhaus-mehling.de*

Unterkunft:

- Buchenmühle: Landgasthof, vier Kilometer außerhalb vom Zentrum, mit gepflegten Zimmern und guter Küche; Buchentalstraße 23, 97816 Lohr a.Main-Steinbach, Tel. 09352 87990, *buchenmuehle.de*

31 Rothenfels

DIE KLEINSTE STADT IN BAYERN

Was auf den ersten Blick aussieht wie eine Museumsstadt, ist bewohnt und nach Einwohnern die kleinste Stadt in Bayern und damit auch in Franken. Verwinkelte Gassen laden zu einem Spaziergang ein und der Krimikeller zu einem spannenden Abend ...

Burg Rothenfels und ...

1001 Bürger leben in der kleinen Perle am Main, die schon seit Jahren nicht mehr unter die Eintausendergrenze fiel: Rothenfels ist nach Einwohnern die kleinste Stadt Bayerns. Namensgebend war die um 1150 gegründete Burg Rothenfels, die auf einem Felsen aus rotem Sandstein über der Stadt thront und deshalb roter Fels genannt wurde. Schon 1342 beschreiben historische Dokumente Rothenfels als Stadt. Ihren wirtschaftlichen Höhepunkt erlebte sie in der Regierungszeit des Fürstbischofs Julius Echter von Mespelbrunn (1545-1617), der den Bau von Kirche, Rathaus, Spital und der Stadttore veranlasste.

... Fachwerkhäuser

Pfarrkirche ...

Eine schmale, verwinkelte Kopfsteinpflastergasse führt nach oben zur Burg. Rechts und links säumen schmucke Häuser den Weg, meist aus dem 16. und 17. Jahrhundert, zum Teil Fachwerk, zum Teil mit Giebeln bis zum Boden. Kaum ein Haus ist ohne Topfpflanzen und hinter groben Holzgattern verstecken sich hübsch gepflegte Gärtchen. Rothenfels ist im Wortsinn ein malerischer, aber auch ein historischer Ort mit gut erhaltener Bausubstanz, die vom Bauernkrieg bis zum Zweiten Weltkrieg alle Kriege und Unruhen weitgehend unbeschadet überstanden hat, am besten zu sehen auf der Hauptstraße. Und wie es manchmal so ist, was Kriege nicht schafften, vollbrachten die Bürger selbst: Die mittelalterliche Stadtmauer fiel schon Mitte des 19. Jahrhunderts dem Verkehr zum Opfer. Erst seit 1999 hat man eine Umgehungsstraße. Leider zu spät für die Ringmauer, aber nicht zu spät, um dem Ort seine Ruhe zu erhalten und weitere Hochwasser abzuwenden: Die Ortsumgehung ist nämlich gleichzeitig eine Hochwasserschutzanlage auf dem ehemaligen Bahndamm. Schließlich ist Rothenfels keine Museumsstadt! Fast alle Häuser sind bewohnt und in einem wird sogar Theater gespielt: Was für Sommerhausen das Torturmtheater ist (siehe Tipp 8), ist in Rothenfels der Krimikeller.

... und Wirtshaus

Blick von der Hubertushöhe

Info

Lage: Rothenfels liegt im Landkreis Main-Spessart, ca. 40 Kilometer nordwestlich von Würzburg.

Auskunft: Hauptstraße 34, 97851 Rothenfels, Tel. 09393 409, *rothenfels.de*

Aktivitäten: *krimikeller.de*

Restaurant:

- Burggasthof Roth: gutbürgerliche, fränkische Küche; Bergrothenfelser Straße 36, 97851 Rothenfels, Tel. 09393 209, *burggasthof-roth.de*

Unterkunft:

- Anker: einfache, aber zweckmäßige Zimmer, Restaurant mit hauseigener Metzgerei und Schnapsbrennerei; Hauptstraße 62, 97851 Rothenfels, Tel. 09393 401, *hotelanker.de*

32 Marktheidenfeld

DIE MESS' GEHÖRT DAZU

Marktheidenfeld ohne Laurenzi-Messe (Foto) wäre wie München ohne seine Wiesn. Die 10.000-Einwohner-Stadt am Mainviereck ist aber auch außerhalb der sommerlichen Volksfestzeit einen Besuch wert. Am besten fängt man am schönen Mainkai an, wo es im Stadtgärtchen sogar lebensechte Damen aus Keramik zu bestaunen gibt.

Der Sommer 2022 war heiß, sehr heiß sogar. 35 Grad waren keine Seltenheit. Und man hatte den Eindruck, die Hitze war der ideale Rahmen für die 72. Auflage der traditionellen Laurenzi-Messe auf der Martinswiese. 1950 wurde sie das erste Mal in Marktheidenfeld gefeiert. Damals wie heute übernahm der Bürgermeister den Festbieranstich. Und danach geht es jedes Jahr rund: im Festzelt, im Weindorf, im Vergnügungspark und am parallel laufenden Laurenzi-Markt mit mehr als hundert Ständen am Mainkai. Das Angebot reicht von Lederwaren über Spielsachen, Haushaltswaren, Kleidung, Pflanzen und Kunsthandwerk bis hin zu Kulinarischem. Die Laurenzi-Mess' gehört nun mal zu Marktheidenfeld wie das Oktoberfest zu München.

Die St. Laurentius-Kirche ist nicht nur der Namensgeber des Volksfests, sondern auch das Geschichtsbuch der Stadt. Immerhin lassen sich vier Bauabschnitte aus der 700-jährigen Baugeschichte der Kirche ablesen. Man sieht romanische, gotische, barocke und neubarocke Elemente, die allerdings harmonisch miteinander korrelieren. St. Laurentius, Diakon des Papstes Sixtus II., starb 258 n. Chr. den Märtyrertod. Der Legende nach wurde er auf einem Rost gemartert, weil er sich weigerte, ihm anvertrauten Schätze herauszugeben. Eine Statue des Heiligen Laurentius ziert die Schaufassade des Gotteshauses zur Obertorstraße. Eine weitere findet sich in der Kirche: Dort hält er in seiner Hand den Rost ...

St. Laurentius

Im Zentrum der „Hädefelder" Altstadt – so würden es die Einheimischen sagen – stehen das Alte Rathaus und die Alte Schmiede sowie vor allem die romantischen Gässchen. So führen neun Gassen von der Obertorstraße, vom Marktplatz und von der Untertorstraße hinunter zum Mainkai und zur Lebensader der Stadt, dem Main. Die Fahrgasse erinnert daran, dass der Main bis zum Bau der Mainbrücke, von König Ludwig I. in Auftrag gegeben und

In der Altstadt

1846 fertiggestellt, nur per Fähre überquert werden konnte.

Der Main spielt in Marktheidenfeld eine zentrale Rolle: Schließlich hat die Schifffahrt zum Wohlstand erheblich beigetragen. Heute gilt die Mainpromenade, einst der Treidelpfad, als die Schokoladenseite Marktheidenfelds. Dort findet man auch das Stadtgärtchen, Ruhepol, Rückzugs-, aber auch Veranstaltungs- und Kunstort in einem. Die Kunstwerke stammen von dem Marktheidenfelder Erich Gillmann und die drei lebensechten Damen aus Keramik von Hilde Würthmann aus Würzburg. Werke von Gillmann und anderen Künstlern findet man auch auf dem Skulpturen-Weg, der quer durch die Stadt führt. Das kulturelle Zentrum ist allerdings das Franck-Haus, benannt nach dem Erbauer Franz Valentin Franck (1702-1777), der ein reicher Weinhändler und Kaufmann war. Es heißt, in diesem Hause sei der erste deutsche Sekt gekeltert worden, was jedoch nicht belegt ist. Heute finden im Franck-Haus Kunstausstellungen, Konzerte, Lesungen und Empfänge statt.

Die ganze Mainpromenade wird gesäumt von typischen Schiffer- und Fischerhäusern, die an einem Anker zu erkennen sind. In der Nähe des Anwesens Mainkai 7 befindet sich ein besonderes Erinnerungsmal. Mit einer Gepäck-Skulptur aus Stahl wird der aus Marktheidenfeld deportierten und ermordeten Juden gedacht. Gefertigt wurde sie von Schülern des Balthasar-Neumann-Gymnasiums.

Dominiert wird der Main von der Alten Mainbrücke, die aus mächtigen Sandsteinquadern erbaut wurde. An einem Brückenkopf erinnert eine Büste an den Brückenbauer König Ludwig und die Hochwassermarken findet man ebenfalls an der Mainbrücke, an der Ecke zur Fahrgasse. Im Zweiten Weltkrieg wurden zwei Brückenbogen gesprengt: glücklicherweise der einzige nennenswerte Kriegsschaden in Marktheidenfeld. Seit 2002 gibt es auch eine zweite Mainbrücke, um den Verkehr zu entlasten.

Die Mainbrücke

Info

Lage: Marktheidenfeld liegt im Landkreis Main-Spessart, etwa 35 Kilometer westlich von Würzburg.

Auskunft: Marktplatz 22, 97828 Marktheidenfeld, Tel. 09391 5035414, *stadt-marktheidenfeld.de*

Aktivitäten:

- Wasserlandschaft, Saunawelt, Solestollen, *wonnemar.de*
- Rundflüge, *flugplatz-altfeld.de*

Event: Laurenzi-Messe, jedes Jahr zwei Wochen im August

Restaurants:

- Bräustüble: uriges Wirtshaus mit Innenhof. Fränkische Braten und Bratwürste; Mitteltorstraße 1, 97828 Marktheidenfeld, Tel. 09391 1224, *braeu-stueble.de*
- Brauerei Biergarten: hausgemachtes Bier am Mainkai, bei schönem Wetter täglich 11 bis 22 Uhr. *martinsbraeu.de/biergarten*

Unterkünfte:

- Anker: günstige 4-Sterne-Zimmer; Obertorstraße 6, 97828 Marktheidenfeld, Tel. 09391 60040, *hotel-anker.de*
- Bella Riva: schöne, moderne Zimmer direkt am Main; Mainkai 15, 97828 Marktheidenfeld, Tel. 09391 9359828, *bellarivahotel.de*

Bad Kissingen und Umgebung

Mohnfeld bei Hammelburg

Bad Kissingen und Umgebung

Fulda
HESSEN
Wolferts
458
Fladungen
Willmars
278
Schmalnau
279
Oberelsbach
279
37
Bischofsheim in der Rhön
Bastheim
7
38
Wildflecken
279
35
Bad Brückenau
Biosphärenreservat Rhön
Bad Neustadt an der Saale
ottgers
Stangenroth
36
Bad Bocklet
286
Rossbach
Münnerstadt
287
33
Bad Kissingen
Völkersleier
71
286
urgsinn
287
Pfersdorf
34
Hammelburg
BAYERN
Gemünden am Main
27
Brebersdorf
Schweinfurt
Obersfeld
70
26
26A
Main
Arnstein
7
Heßlar

33 Bad Kissingen

FLANIEREN, DINIEREN, ZOCKEN ...

... und eine Kur machen. Zu Besuch in der neuen Weltkulturerbestadt Bad Kissingen, in dem sich in den letzten Jahrzehnten so wenig verändert hat, was aber einer der Gründe für die UNESCO-Einstufung war. Ausgezeichnet wurden weder die Heilkraft der Quellen noch das Kur- oder Spa-Angebot, sondern geschlossene architektonische Ensembles der Bäderkultur.

Kneippen und ...

„Faites vos jeux!" – das von prachtvollen Bauten geprägte Bad Kissingen ist so elegant wie seine Spielbank: grün wie der Roulettetisch, glamourös wie die Kronleuchter und Samtvorhänge sowie stilvoll wie die in Smoking gewandeten Croupiers. Seit mehr als 200 Jahren rollt in Bayerns ältester Spielbank von 1796 leise die Kugel. 1883 wurde Kissingen der Bad-Status zugewiesen. Könige und Künstler, Maharadschas und Mätressen, Potentaten und Prälaten: Geld und Macht waren in diesem Casino. Sie flanierten, kutschierten, dinierten, kurten und sie zockten in der Stadt, die zu einem Muss der gehobenen Gesellschaft von der Zeit der Reiseromantik des 19. Jahrhunderts bis zur Belle Époque wurde. Das Sisi-Denkmal, hoch oben auf dem Altenberg, ist ein Zeuge dieser Zeit. Die Kaiserin liebte es während ihrer Kuraufenthalte dort zu wandern. Und Bismarck widmete man sogar ein Museum: Der Reichskanzler weilte schließlich 15-mal in Bad Kissingen.

... Trinken

Im Juli 2021 ist Bad Kissingen, zusammen mit Baden-Baden und Bad Ems, in den Kreis der Weltkulturerbestätten aufgenommen worden: als drei der „Great Spas of Europe", einem Zweckbündnis von insgesamt elf traditionsreichen europäischen Kurorten, zu denen auch Baden in Österreich, Bath in England, Karlsbad, Franzensbad und Marienbad in Tschechien, Montecatini in Italien, Spa in Belgien und Vichy in Frankreich gehören.

Im Kurpark

Wenn man Kur sagt, schwingt das Altmodische, das Betuliche und die Frage mit: Wer macht eigentlich heute noch eine Kur? Die Antwort ist verblüffend! 2019, also vor Corona, verzeichneten die 350 Kurorte und Heilbäder in Deutschland laut Statistischem Bundesamt genau 29.158.433 Übernachtungen! Rund 25 Prozent der deutschen Bevölkerung machten 2019 eine Kur oder einen Gesundheitsurlaub und generierten damit mehr als ein Viertel aller Gästeübernachtungen in Deutschland. Rund 80 Prozent finanzieren ihren Aufenthalt übrigens privat, nehmen also Badekuren, Anwendungen und Therapien in den Kurzentren wahr und wohnen in Hotels. Bad Kissingen liegt ja schließlich auch in reizvoller Umgebung: Die Rhön (siehe Tipp 37) und das Erlebnis im Grünen ergänzen einen Kur- und Wellnessaufenthalt bestens.

Gesundheit rückt seit Jahren immer mehr in den Focus der Menschen, nicht erst seit Corona. „Die Qualitätsanforderungen an die staatlich anerkannten deutschen Heilbäder und Kurorte gelten als die höchsten weltweit", sagt Brigitte Goertz-Meissner, die Präsidentin des Deutschen Heilbäderverbands. „China und Südkorea möchten zum Beispiel nach deutschem Vorbild Heilbäder und Kurorte im eigenen Land entwickeln".

Die Tradition der Kur brachte es mit sich, dass im 19. Jahrhundert rund um die Heilquellen ein neuer städtebaulicher Typ entstand: die noble Kurstadt mit herrschaftlichen Gebäuden, langen Kolonnaden, Rundbögen und Kapitellen, Grand Hotels, Parks und Gärten mit Springbrunnen, Galerien und Casinos. In Bad Kissingen steht Europas größte Wandelhalle und dazu Regentenbau, Arkadenbau (siehe Foto S. 188) und Brunnenhalle. Gebäude wie diese prägten das glamouröse Kur- und Reiseleben von Adel und Großbürgertum im 19. Jahrhundert. Dieser Städtetyp fasziniert bis heute und Bad Kissingen hat ein besonders schönes Ensemble.

Nur einige der öffentlichen Einrichtung der Kurstädte des 19. Jahrhunderts sind in den 2020er-Jahren angekommen: die 8000 Quadratmeter große KissSalis-Therme zum Beispiel mit modernen Saunalandschaften, verschieden temperierten Pools, Anwendungen wie Erdbeer-Wellness oder Lightshows. Die gibt es auch am neuen Multimediabrunnen im Rosengarten, wo Beamer-Shows verblüffen und die Wasserfontänen zu unterschiedlicher Musik tanzen. So trifft Tradition auf Moderne und Kur auf Wellness. Ein bisschen Bling-Bling gehört schließlich zum Geschäft.

Die KissSalis-Therme

Das Weltbad Kissingen mit heute gut 20.000 Einwohnern war sicher nie so aristokratisch wie Baden-Baden, wo sich die Gentlemen mit wehenden Rockschößen zeigen und aufgeputzte Ladys ostentativ stöckeln, um herauszustechen. Bad Kissingen ist bis heute deutlich provinzieller, aber auch weniger modern als die Bäderstadt an den Hängen des Schwarzwalds, auch wenn sich Bad Kissingens Oberbürgermeister Dirk Vogel mit der Welterbe-Auszeichnung nun „in der Champions League der deutschen Städte" sieht. Freilich sind Regenten- und Arkadenbau sowie die Wandelhalle große Architektur, das Kurhausbad war bei seiner Fertigstellung 1927 das größte seiner Art, auch Casino und Kunst spielen gut mit, aber echte Grand Hotels oder moderne Häuser von internationalem Format kann Bad Kissingen nicht bieten. Gerade für die jüngere Kundschaft müsste so manches in die Jahre gekommene Hotel auf den neuesten Stand gebracht werden, komfortabel und cool zugleich, mit vier oder fünf Sternen, Pools und verglasten Saunen mit Blick ins Grüne. Denn das eine oder andere Kurhotel hat seine Sauna immer noch im dunklen Keller versteckt …

Der Regentenbau

Natürlich dreht sich in Bad Kissingen alles ums Wasser. Das auch scheinbar überall getrunken wurde und wird: Die berühmteste ist die Rakoczy-Quelle, eine der sieben heilenden Quellen der Stadt, deren Wirkung schon im Mittelalter bekannt war. Der Geschmack ist sehr gewöhnungsbedürftig, doch die Kurgäste schwören auf die positive Wirkung bei Atemwegserkrankungen, Magen-Darm-Problemen oder Erschöpfungszuständen. Das Museum Obere Saline gibt genauere Einblicke zur Bedeutung der Quellen des Heilbades.

Info

Lage: Bad Kissingen, Kreisstadt des gleichnamigen Landkreises, liegt etwa 60 Kilometer nördlich von Würzburg.

Auskunft: Arkadenbau im Kurgarten, 97688 Bad Kissingen Tel. 0971 8048444, *badkissingen.de*

Aktivitäten:

- Zehn Pools mit Thermalwasser, Saunalandschaft, *kisssalis.de*
- Die Kissinger Postkutsche ist Deutschlands einzige regelmäßig fahrende Postkutsche.

Events:

- Multimediabrunnen im Rosengarten, fünf Shows täglich
- Rosenfest im Juni mit 12.000 Rosenstöcken
- Rakozcy-Fest im Juli

Restaurants:

- Schuberts Wein Wirtschaft: Kalbsrücken oder Ochsenbäckchen, Zitronenrisotto oder Zander; Kirchgasse 2, 97688 Bad Kissingen, Tel. 0971 2624, *weinstube-schubert.de*
- Bratwurstglöckle: Wirtshaus seit 1890, holzgetäfelter Gastraum, Nürnberger und Kaiserschmarrn; Grabengasse 6, 97688 Bad Kissingen, Tel. 0971 78574888, *bratwurstgloeckle-badkissingen.de*

Unterkünfte:

- Kaiserhof Victoria: Traditionshotel mit minimalistisch-eleganten Zimmern, Parkett, modernem Spa mit vier Saunen, Restaurant mit gehobener Küche; Am Kurgarten 5, 97688 Bad Kissingen, Tel. 0971 7010, *kaiserhof-victoria.de*
- Dappers: 27 Zimmer in 4-Sterne-Qualität, Saunen, Pool, Whirlpool, Restaurant; Menzelstraße 21, 97688 Bad Kissingen, Tel. 0971 785 480, *residence-dapper.de*

34 Hammelburg

DIE ÄLTESTE WEINSTADT

Nirgends kann man Wein besser probieren, studieren und genießen als auf Weinfesten. Und davon gibt es in Franken, Deutschlands sechstgrößtem Weinanbaugebiet, jede Menge. Weinfeste sind wie die Franken selbst: direkt und herzlich. Eines der schönsten Weinfeste findet im Juli auf dem historischen Marktplatz der ältesten Weinstadt Frankens statt. Die amtierende Weinprinzessin eröffnet das dreitägige Fest am Samstag, das am Montag mit einem traditionellen Kesselfleischessen mit frischen Blut- und Leberwürsten beendet wird. Übers ganze Jahr verstreut kommen Hofschoppenfeste und Heckenwirtschaften dazu, um fränkischen Wein zu kosten und die fränkische Lebensart so richtig kennenzulernen.

Ist es Würzburg? Oder Volkach? Iphofen oder Randersacker? Nein, die älteste Weinstadt in Franken ist Hammelburg! Da urkundlich bereits 716 erstmals erwähnt, gehört die Kleinstadt zu den 30 ältesten Städten in Deutschland. Und dann sind da noch drei große mysteriöse Figuren, von denen keiner etwas wissen will …

Schon vor mehr als tausend Jahren gab es Weinbau in Hammelburg. Heute bewirtschaften rund 70 Winzer, darunter fünf Vollerwerbsbetriebe, die Rebhänge: hauptsächlich die klassischen Sorten Müller-Thurgau, Bacchus und Silvaner. In den letzten Jahren entstanden zudem moderne, architektonisch anspruchsvolle Vinothe-

Stadtansicht und ...

ken. Die junge Generation will ihren Wein zeitgemäß präsentieren. Auch der ökologische Weinbau hat an Bedeutung gewonnen. Es gibt Führungen und Picknicks im Weinberg, Weinlesen, Weinreisen, Motto-Verkostungen und reichlich Information: im Museum Herrenmühle, auf dem knapp sechs Kilometer langen Weinlehrpfad oder am Terroir-f-Aussichtspunkt.

Vor dem heutigen Rathaus – das Vorgängergebäude von 1529 brannte 1854 ab – findet das erwähnte, jährlich stattfindende Weinfest statt. Die Stufenfassade im neugotischen Stil und der Marktbrunnen von 1541 stehen auf dem großen Marktplatz im Wettstreit um den ersten Hingucker, denn der Brunnen fällt mit seinem bekrönenden Baldachin schon aus dem (fränkischen) Rahmen.

... Marktbrunnen

Aus der Stadtsilhouette sticht der Mönchsturm hervor, einer von einst elf Wehrtürmen, von denen nur drei Turmbauten den Stadtbrand von 1854 überlebten. Am Turm schließt die von Rosen bewachsene südliche Stadtmauer an, man trifft auf einige Kunstwerke und freut sich über Bänke zum Rasten. Der zweite, der Hüterturm von 1260, hat einen quadratischen Grundriss und ist

dreigeschossig, wobei die beiden oberen Turmgeschosse Fachwerk sind. Der Baderturm wurde 2016 mit einer Treppenanlage sowie einer Aussichtsplattform begehbar gemacht.

Schloss Saaleck, im 12. Jahrhundert entstanden, gibt es noch immer. Vom mächtigen Bergfried hat man einen schönen Blick über das Saaletal bis in die Rhön (siehe Tipp 37). Das Kellereischloss, im Volksmund das Rote Schloss, wurde 1731 erbaut. In den riesigen Kellern konnten in den Hochzeiten des Hammelburger Weinbaus Ende des 18. Jahrhunderts mehr als 700.000 Liter Wein gelagert werden.

Bleiben noch die drei geheimnisvollen Hammelburger Figuren: etwa der Philosoph, der zurückgelehnt in einem steinernen Stuhl sitzt und nachdenkt oder – je nach Interpretation – verträumt ins Tal schaut. Seit 2001 sitzt er da und ist geschätzt rund 600 Kilogramm schwer. Die Hammelburger vermuteten in ihm zunächst den Dichterfürsten Johann Wolfgang von Goethe. Inzwischen ist es einfach der Philosoph. Aber keiner weiß, wer ihn erschuf und wer ihn in dies unwegsame Gelände brachte …

Ein Jahr früher entdeckten Wanderer schon eine junge Frau aus Stein auf einem Felsvorsprung. Sie gaben ihr den Namen Amalberga, die der Sage nach einst ein Schloss auf dem Hammelberg besessen haben soll. Es folgte 2002 eine steinerne Tänzerin, die 2003 ein Kind an die Hand bekam. Und wieder: Keiner weiß etwas über die Herkunft.

Im September 2013 verschwand die Figur Amalberga spurlos und tauchte als neue Statue im Juni 2018 aber wieder auf. Und Verena

Kerner, Leiterin der Tourist-Information in Hammelburg, bestätigt offiziell: „Wir wissen tatsächlich nicht, wer die Figuren aufgestellt hat. Es gibt und gab wohl einen Kreis von Eingeweihten, aber von denen ist schon ein Teil verstorben und hat das Geheimnis mit ins Grab genommen ..."

Die Amalberga mit Ausblick

Info

Lage: Hammelburg liegt im Landkreis Bad Kissingen, etwa 22 Kilometer südwestlich der Kreisstadt.

Auskunft: Kirchgasse 4, 97762 Hammelburg, Tel. 09732 902430, *hammelburg.de*

Aktivitäten: *weinlehrpfad.info*

Event: Weinfest im Juli

Museum: Herrenmühle, *museum-hammelburg.de*

Einkaufen:

- Flohmarkt am ersten Samstag, April bis Oktober
- Weine vom Hof, *franken-wein-gut.de, weingut-schloss-saaleck.de*

Restaurants:

- Landgasthof zum Stern: Rinderroulade oder Kässpätzle; Obererthaler Straße 23, 97762 Hammelburg-Obererthal, Tel. 09732 4707, *landgasthof-stern.com*
- Landgasthof zum Goldenen Kreuz: Wirtshaus seit 1737, aber es gibt auch „ohne Fläsch" und „dodal" vegan; Brückenauer Straße 11, 97762 Hammelburg-Untererthal, Tel. 09732 780099, *zum-goldenen-kreuz.com*

Unterkunft:

- Deutsches Haus: kleine, aber hübsche Zimmer; Kissinger Straße 24, 97762 Hammelburg, Tel. 09732 7886670, *dh-hammelburg.de*

35 Bad Brückenau

MIT SIEBEN QUELLEN

Bad Brückenau zeigt sich heutzutage zwar immer noch aristokratisch, aber mit seinen Fachwerkhäusern doch auch bürgerlich-gemütlich. Doch eines ist ganz klar in Bad Brückenau: Die ganze Stadt – ob adeliger oder bürgerlicher Teil – wird bestimmt von den Heilquellen und Gesundheitseinrichtungen des Staatsbads.

Die Zahl Sieben hatte in der Menschheitsgeschichte schon immer eine besondere Bedeutung: Man denke an die sieben Weltwunder, die sieben Todsünden oder den siebten Himmel (siehe auch Tipp 16). Und Bad Brückenau hat sieben Heilquellen. Zufall? Sicherlich! Aber dennoch kein schlechtes Omen. Die erste Quelle wurde 1747 entdeckt und nach König Ludwig I. benannt. Sie dürfte auch fast jedem Deutschen ein Begriff sein, weil wir alle ihr Wasser wahrscheinlich schon getrunken haben: Aus 300 Metern Tiefe sprudelt es hervor und wird als Bad Brückenauer Mineralwasser abgefüllt und bundesweit vertrieben. Auch weitere Quellen wie die im gleichen Jahr angezapfte Wernarzer oder die Sinnberger Quelle werden von der „Staatlichen Mineralbrunnen AG" abgefüllt: als „Staatlich Bad Brückenauer Heilwasser". Wobei die Wernarzer Quelle Bad Brückenau den Ruf als Nierenheilbad Nummer 1 in Deutschland einbrachte und der Ort mit dem Wernarzer Quellentempel wohl den schönsten Überbau hat, der 1911 mit Jugendstilelementen errichtet wurde. Der

Berg, Dorf, Tal und ...

Brunnenbau ist achteckig und acht Säulenpaare tragen eine mit Malereien ausgeschmückte Kuppel mit Glockendach.

Nach Lola Montez, der Geliebten von König Ludwig I., wurde die Quelle benannt, die das Hautbild verbessert sowie positive Zahn-, Haar- und Nageleigenschaften unterstützt. Der Siebener Sprudel schüttet 300 Liter pro Minute aus und weist einen hohen Gehalt an Kalzium, Magnesium, Sulfat und Hydrogenkarbonat auf. Sieben Bürger aus Bad Brückenau hatten die Quelle entdeckt. Ein achteckiger Brunnenpavillon mit Pyramidendach wurde 1910, vier Jahre nach Erschließung der Quelle, erbaut. Die beiden letzten Quellen unterstützen Behandlungen bei Magen-, Darm-, Leber- und Gallenerkrankungen sowie Diabetes und Durchblutungsstörungen.

... Heilquellen

Der bayerische König Ludwig I. war Dauergast in Bad Brückenau, schließlich herrschte bereits seit 1747, rund 40 Jahre vor Ludwigs Geburt, Badebetrieb. Brückenau wurde zum Staatsbad und zur

Sommerresidenz des Königs mit königlichen Spazierwegen. Das Bellevue war 1819 der erste Bau in der Ludwigs-Zeit: Es diente als Gästehaus von Ludwig, der damals noch Kronprinz war.

Das Kursaalgebäude, ein klassizistischer Saalbau mit Arkadenumgang, steht aber im Zentrum. Den Auftrag zum Bau gab natürlich Ludwig I., die Grundsteinlegung fand am Geburtstag des Königs, am 25. August 1827, statt und 1833 wurde das Gebäude eingeweiht. Zuvor wohnte der König 26-mal im „Fürstenhof" und führte von dort aus auch seine Regierungsgeschäfte. Weitere Hotels, die Remise von 1827 und vor allem die Erweiterung und Veränderung des Schlossparks gehen ebenfalls auf Ludwig I. zurück.

Kursaal und ...

Schon 1747 entwarf der italienische Hofarchitekt Andrea Gallasini die streng symmetrisch angeordnete Gartenanlage, deren Mittelachse sich bis heute quer durch das Staatsbad erstreckt. Ludwig I. ließ die barocke Gartenanlage aber teilweise in einen englischen Garten umwandeln. Im Park mit Kastanienalleen und Laubengängen stehen auch die König-Ludwig-Eiche, eine tausendjährige Eiche mit sieben Metern Umfang, ein Ginkgo-Baum und rund 60 weitere Baumarten. Mit dem Kur- und Siebener-Park bietet die Stadt weitere grüne Lungen.

... Park

Das Altstadtensemble mit seinen historischen Gebäuden stammt vorwiegend aus dem 16. und 17. Jahrhundert. Im Alten Rathaus

In der Ludwigstraße

mit markantem Walmdach sind heute Heimatmuseum, Stadtbibliothek und Standesamt untergebracht. Die Stadtpfarrkirche St. Bartholomäus von 1783 zeigt sich stolz mit Zwiebelturm. Und der Elisabethenhof von 1894, im klassizistischen Stil errichtet, hat als Namenspatronin niemand geringeren als Sisi, die Kaiserin Elisabeth von Österreich, die ebenfalls gerne zur Kur kam. Kloster Volkersberg aus dem 17. Jahrhundert liegt etwas außerhalb der Stadt.

Info

Lage: Bad Brückenau liegt im Landkreis Bad Kissingen, rund 30 Kilometer nordwestlich der Kreisstadt.

Auskunft: Alter Rathausplatz 1, 97769 Bad Brückenau, Tel. 09741 80411, *bad-brueckenau.de*

Aktivitäten: Sinnflut, Badefreuden im Thermalwasser, Saunalandschaft, *stw-brk.de/therme-sinnflut*

Museum: *deutsches-fahrradmuseum.de*

Restaurants:

- Am Siebener Park: viel Fleisch, etwas Fisch, auch Veganes, mit Biergarten; Sinntor 17, 97769 Bad Brückenau, Tel. 09741 7389579, *am-siebener-park.de*
- Altes Badehaus: Rhönforelle oder Wildgulasch, schöne Terrasse und feine Zimmer. Amand-von-Buseck-Straße 8, 97769 Bad Brückenau, Tel. 09741 937600, *badhotel-badbrueckenau.de*

Unterkunft:

- Dorint Resort & Spa: klassisches 4-Sterne-Hotel mit Pools, Saunalandschaft, Restaurant; Heinrich-von-Bibra-Straße 13, 97769 Bad Brückenau; Tel. 09741 850, *hotel-bad-brueckenau.dorint.com*

36 Bad Bocklet

INDIEN IN FRANKEN

In Bad Bocklet kann man nicht nur altherkömmlich in Pfarrers Manier kneippen, sondern auch indische Heilkunst ausprobieren, denn das Staatsbad hat sich seit Jahren zu einem Mekka für authentisches Ayurveda in Deutschland entwickelt. Trotzdem spielen noch immer das Kurhaus (Foto) und eine ganz besondere Quelle die Hauptrolle.

Rostrot sind die Ablagerungen im Becken, denn die Quelle, aus der seit rund 300 Jahren Wasser sprudelt, ist die eisenhaltigste Deutschlands und gespickt mit wertvollen Mineralien. Ein Geschenk der Natur: die berühmte Balthasar-Neumann-Quelle im Kurpark von Bad Bocklet, die 1724 entdeckt wurde. So wirkt sich der regelmäßige Genuss des Quellwassers – ob am Brunnen im Kurpark, in der Wandelhalle oder im Brunnenbau – positiv auf die Gesundheit aus: Es hilft nicht nur bei Eisen- und Mineralstoffmangel, das Wasser entgiftet auch den Organismus, stärkt das Immunsystem und aktiviert die Selbstheilungskräfte des Körpers. Anders als viele andere große und berühmte Kurorte reicht die Geschichte von Bad Bocklet zwar nicht bis in römische Zeit zurück, aber schon im 18. Jahrhundert nutzten die Würzburger Fürstbischöfe die Bockleter Quelle und die ebenen Auwiesen der Fränkischen Saale zur Regeneration.

Balthasar-Neumann-Quelle

Die Balthasar-Neumann-Quelle ist ein Trumpf von Bad Bocklet, die drei Säulen des Ayurveda ein zweiter: Das jahrtausendealte indische Naturheilverfahren betrachtet den Menschen ganzheitlich in seiner körperlichen und seelischen Konstitution, bringt also Körper, Geist und Seele in Einklang und sorgt so für Entschleunigung, Regeneration sowie Heilung von Symptomen. In Bad Bocklet praktizieren Ayurveda ausschließlich indische Ärzte und Therapeuten aus Kerala. Zu ayurvedischen Behandlungen kommen stets vegetarische Ernährung, Yoga und Meditation.

Ayurveda

„Bad Bocklet ist der Beweis dafür, dass Tradition nicht altmodisch sein muss. Mit unserer langjährigen Kompetenz erfinden wir uns immer wieder neu und haben in den vergangenen Jahren nahezu alle Bereiche und Einrichtungen komplett modernisiert“, sagt

Im Kurpark

Kurdirektor Thomas Beck vor dem Säulen bestandenen Kurhaus, dem wichtigsten Haus der Stadt.

Aber natürlich ist Bad Bocklet, eingebettet in eine Saaleschleife, nicht nur, wenngleich doch überwiegend Kur und Wellness, umgeben von ausgedehnten Wäldern, verwöhnt mit sauberer Rhön-Luft und recht mildem Klima. Auch der Kurpark grenzt an die Saale und ist eine Idylle: Hübsch angelegt, erinnert er im inneren Teil an eine Bischofsmütze. Es gibt gut ausgebaute Rad- und Wanderwege entlang der Fränkischen Saale oder auch den Naturlehrpfad Aschach mit Baumliegen, Rastplatz und Schutzhütte. Im Museum Aschach, untergebracht im mächtigen Schloss des Vororts von Bad Bocklet, kann man sich in gleich drei Museen informieren, darunter im Volkskundemuseum.

Riemenschneider-Kreuz

Kulturgeschichtlich ist sicherlich das Riemenschneider-Kreuz hervorzuheben. Im Ortsteil Steinach steht die spätgotische katholische Pfarrkirche St. Nikolaus, die im für jedermann zugänglichen Altarraum ein wertvolles Kruzifix des berühmten Würzburger Künstlers Tilman Riemenschneider aus dem Jahr 1516 birgt. Das antike Holzkreuz ist durch eine im Rücken Christi verborgene Urkunde als eigenhändiges Werk Riemenschneiders ausgewiesen.

Ein Tagesausflug lohnt sich ins nahe Münnerstadt, zehn Kilometer östlich gelegen. Zum einen wegen des mittelalterlichen Stadtbildes mit vielen Fachwerkhäusern und der weitgehend erhaltenen Stadtmauer. Zum anderen kann man dort weiter auf Tilman Riemenschneiders Spuren wandeln und seinen ersten Großaltar besichtigen: Der Magdalenenaltar stammt von 1492 und ist in der Pfarrkirche St. Maria Magdalena aus dem 13. Jahrhundert zu finden.

Das Brunnenhaus

Unter den zahlreichen schönen Profanbauten sind drei Stadttore bemerkenswert: Während das Obere Tor, ebenfalls aus dem 13. Jahrhundert, stattliche 35 Meter hoch ist, gilt der Dicke Turm als das älteste der Münnerstädter Tore, erbaut um 1240. Das Untere Tor wurde zum Ende des Zweiten Weltkrieges von der US-Armee gesprengt, um eine Durchfahrt für Panzer in den Stadtmauerring zu schaffen.

Info

Lage: Bad Bocklet liegt im Landkreis Bad Kissingen, etwa neun Kilometer nördlich der Kreisstadt.

Auskunft: Kurhausstraße 2, 97708 Bad Bocklet, Tel. 09708 707030, *badbocklet.de*

Aktivitäten: Postkutschenfahrt nach Bad Kissingen

Event: Gartenparty im Kurpark, drei Tage im August, mit Open-Air-Musik und Festzelt

Museum: *museen-schloss-aschach.de*

Restaurants:

- Laudensack: von allem etwas, ob fränkisch oder griechisch, abends auch Pizza; Von-Hutten-Straße 37, 97708 Bad Bocklet, Tel. 09708 7039639, *restaurant-laudensack.de*
- Kurgarten Café: für den perfekten Parknachmittag; In der Wandelhalle im Kurgarten, 97708 Bad Bocklet, Tel. 09708 704587, *kurgartencafe-bad-bocklet.de*

Unterkunft:

- Kunzmann's: 4-Sterne-Hotel, individuell eingerichtet, Spa mit Ayurveda, zwei Pools, vier Saunen, gutes Restaurant; An der Promenade 6, 97708 Bad Bocklet, Tel. 09708 780, *kunzmanns.de*

37 Rhön

IN BAYERN GANZ OBEN

Das Mittelgebirge Rhön teilen sich Hessen im Westen, Thüringen im Norden und Bayern im Süden und Osten. Kegel-, kuppen- und plateauförmige Berge, meist vulkanischen Ursprungs, Hochmoore, Urwälder und mehr als 50 Burgen und Schlösser bestimmen das Bild. 1925 wurde das Rhönrad entwickelt. Und Spa-Freunde finden das beste Wellness-Resort in Unterfranken.

Das Kloster am Kreuzberg

Den Hessen gehört die Wasserkuppe, mit 950 Metern die höchste Erhebung der Rhön, wo sich die älteste Segelflugschule der Welt befindet. Doch die Bayern haben ihren Kreuzberg (Foto links), mit 927 Metern nur unwesentlich kleiner und wegen seines Klosters und Kreuzwegs der heilige Berg der Franken genannt.

Bis zu 600.000 Besucher erklimmen pro Jahr den Kreuzberg. Einige, um den Kreuzweg zu gehen, der vom 1644 gegründeten Kloster zu den drei steinernen Golgotha-Kreuzen führt. Sie stellen die zwölfte Station des Kreuzwegs dar. Für die Atheisten ist dagegen das Gipfelkreuz aus Holz das Ziel und im Kloster freuen sie sich über fränkische Hausmannskost und das selbst gebraute Kreuzbergbier aus der Klosterbrauerei der Franziskanermönche, die dort schon seit 1731 brauen. Heutzutage hat man die Wahl zwischen Dunklem, Pils, hellem Hefeweizen und Weihnachtsbock, der ausgeschenkt wird, wenn an den vier Liften die Skisaison beginnt.

Trotz 600.000 Gästen auf dem Kreuzberg und trotz UNESCO-Biosphärenreservat-Status ist die Rhön ein häufig vergessenes und vergleichsweise wenig besuchtes Mittelgebirge, durch das man mit dem Fahrrad sogar weitgehend eben kommt. Entlang

Freilichtmuseum Fladungen

der idyllischen Wiesenauen am Lauf der Fränkischen Saale, aber auch durch die Täler der Brend, Ulster und Werra führt der Rhönrad-Weg vom fränkischen Hammelburg (siehe Tipp 34) durchs Hessische nach Thüringen. 180 Kilometer ist er insgesamt lang, besonders die ersten 70 Kilometer sind weitgehend flach. Die gesamte Strecke ist übersichtlich beschildert und verläuft vorwiegend auf Asphalt, ohne viel Verkehr und ohne große Steigungen. Es gibt neun Verleih- und sechs Akku-Wechselstationen entlang der Route. Die rund 25 Mitgliedshotels von „Bett+Bike" in der bayerischen Rhön bieten auf Wunsch auch Transfers an.

Benannt ist der Weg nach einem Ungetüm, das 50 Kilogramm schwer ist, bis zu 2,40 Meter Durchmesser hat und aus zwei Reifen besteht, die durch sechs Sprossen miteinander verbunden sind: das Rhönrad, ein Turngerät, das Otto Feick in Schönau an der Brend erfunden hat, wo auch ein Rhönrad-Denkmal zu sehen ist. Es wurde weltbekannt, als es bei den Olympischen Spielen 1936 in Berlin vorgestellt wurde. Bis heute hat es das Turnen mit dem Gerät aber nicht zur olympischen Disziplin geschafft.

Ein zweiter interessanter Radweg sind die 26 Kilometer von der bayerisch-hessischen Grenze bei Zeitlofs bis Wildflecken auf der ehemaligen Trasse einer Eisenbahnstrecke. Im Umfeld des Bahn-Radweges wurden Kunstobjekte und Installationen geschaffen, die für schöne Fotomotive sorgen.

Das Schwarze Moor

Neben den wichtigsten Rhön-Orten Bad Kissingen (siehe Tipp 33), Hammelburg, Bad Brückenau (siehe Tipp 35), Bad Bocklet (siehe Tipp 36) und Bad Neustadt (siehe Tipp 39) lohnt auch ein Besuch in Fladungen, einem 2500-Einwohner-Städtchen mit einer noch fast vollständig erhaltenen Stadtmauer mit Wehrgang und fünf Türmen aus dem 14. Jahrhundert sowie schmucken Fachwerkhäusern. Fladungen ist in Bayern ganz oben, denn sie ist die nördlichste Stadt im Freistaat. Die Altstadt ist nahezu quadratisch. Im Rhönmuseum kann man sich über die schweren Lebens- und Arbeitsbedingungen in der Rhön von einst informieren. Auch das Fränkische Freilandmuseum ist einen Besuch wert. In der Nähe führt ein mehr als zwei Kilometer langer Holzbohlenpfad durch Bereiche des Schwarzen Moores. Ein Aussichtsturm bietet einen guten Eindruck von diesem Naturschatz. In Ostheim, schon 804 erstmals urkundlich erwähnt, trifft man ebenfalls noch auf fünf Wehrtürme, das Rathaus mit Glockenspiel und im Schloss Hanstein ist ein Orgelbaumuseum zu finden.

Ruine Osterburg

Unter den etwa 50 Burgen und Schlössern in der Rhön sind einige besonders hervorzuheben. Die Ruine Auersburg bei Hilders hat eine sehr schöne Aussichtsplattform und die

Rhönschafe

Osterburg bei Bischofsheim taucht urkundlich bereits um 1200 auf und ist heute ebenfalls Ruine. Im Residenzschloss Elisabethenburg in Meiningen, ein Prachtbau, in dem Malerei und Kunsthandwerk europäischer Meister aus acht Jahrhunderten präsentiert werden, kommt man im Literaturmuseum auch Friedrich Schiller näher. Der Ausflug nach Thüringen lohnt sich!

Nicht selten sieht man auf den Bergwiesen Rhönschafe grasen, signifikant und leicht erkennbar mit ihrem schwarzen Kopf und dem weißem Körperfell. Vor hundert Jahren gab es noch Zehntausende. Heute sind von den Natur-Rasenmähern nur noch 4000 übrig. Viehseuchen dezimierten sie und moderne Agrartechnik machten sie überflüssig. Nun werden sie wieder geachtet. Die Schafe trugen sogar ihren Teil dazu bei, dass die Rhön von der UNESCO das Prädikat Biosphärenreservat erhalten hat.

Bleibt als Empfehlung noch ein wahrer Tempel – und zwar in Sachen Wellness, Kulinarik und Naturerlebnis. Die „Neumühle", ein 4-Sterne-Superior-Resort und Spa, ist sicherlich das beste Wellness-Hotel in Unterfranken. In herrlicher Landschaft, zwischen Wald und Wiesen, direkt an der Saale und unweit von Hammelburg (siehe Tipp 34) gelegen, wurde innerhalb der historischen Mauern einer 500 Jahre alten Getreidemühle auf 20.000 Quadratmetern jeder wünschenswerte Komfort eingebaut. Das Fachwerkensemble bietet 30 wunderbare Zimmer, ein Gourmetrestaurant, das Spa auf drei Ebenen mit Pool, vier Saunen – von der finnischen Sauna bis zum Dampfbad –, sowie Treatment-Räume, Liegewiesen am Fluss und Tennisplatz. Das Schönste: Alles Genannte ist bereits im Preis inkludiert, auch Frühstück und das viergängige Abendessen, von den Getränken

Die „Neumühle"

abgesehen. Mit der „Neumühle" am Rand der Rhön spielt ein fränkisches Resort in der Liga der oberbayerischen, Tiroler und Südtiroler Wellness-Resorts. Also warum in die Alpen schweifen, wenn die Rhön so nahe liegt ...

„Neumühle"-Zimmer

Info

Lage: Das Mittelgebirge Rhön liegt im Grenzgebiet der Länder Bayern, Hessen und Thüringen.

Auskunft: Kreuzberg 1, 97653 Bischofsheim, Tel. 09772 972853, *rhoen.de*

Aktivitäten:
- Paragliding am Kreuzberg, *kreuzbergflieger.de*
- Bahn-Radweg, *rhoenexpress.bayern*

Museen:
- *rhoenmuseum.de*
- *freilandmuseum-fladungen.de*
- *meiningermuseen.de*
- *orgelbaumuseum.de*

Restaurant:
- Klosterschänke: einfache Küche von Linseneintopf bis Haxe, prima Kreuzbergbier. Zimmer in der Kloster-Pension; Kreuzberg 2, 97653 Bischofsheim, Tel. 09772 91240, *kloster-kreuzberg.de*

Unterkünfte:
- Neumühle: mit Gourmetrestaurant auch für Nicht-Hotelgäste; Neumühle 54, 97797 Wartmannsroth, Tel. 09732 8030, *neumuehle-resort.de*
- Hotel im Krummbachtal: idyllisches Landhotel mit Bach, Zimmer mit viel Holz, Wellnessbereich, Pool, Restaurant; Krummbachstraße 24, 97659 Schönau an der Brend, Tel. 09775 91910, *krummbachtal.de*
- Für Fahrradfahrer: *bettundbike.de*

38 Sternenpark Rhön

„STERNENHIMMEL" ...

... „oh oh, ich seh Sternenhimmel. Oh, ihr Sterne, lasst mich nicht allein", sang Hubert Kah in den 1980er-Jahren. Ob er beim Komponieren an den Rhöner Sternenpark gedacht hat, ist nicht überliefert, die natürlichen Nachtlandschaften mit sternreichem Himmel wären aber die ideale Inspiration gewesen. Und eine Nacht im Sternenwagen wird man wohl nie vergessen.

Als würde sich das Fenster zum Universum öffnen: Gerade in Winternächten kann man in der Rhön einen der schönsten und hellsten Sternenhimmel in Deutschland bewundern. Da die Rhön als UNESCO-Biosphärenreservat über natürliche Nachtlandschaften verfügt, die kaum vom künstlichen Licht großer Städte beeinträchtigt sind, wurde der Region 2014 die Auszeichnung Sternenpark verliehen, um diese durch eine umweltverträgliche und optimierte Beleuchtung zu bewahren. Nicht nur viele Pflanzen und Tiere wie Igel, Fledermäuse und Glühwürmchen sind nachtaktiv und brauchen die Dunkelheit, auch Zugvögel fliegen überwiegend in der Nacht und verlieren durch Lichtglocken ihre Orientierung.

Eisige Nächte in freier Wildbahn muss man beim Sternegucken allerdings nicht verbringen. So lässt es sich im thüringischen Bernshausen in einem Bauwagen trefflich nächtigen. Er wurde zu einem komfortablen, mobilen Sternenwagen umgebaut: 20 Quadratmeter mit Fußbodenheizung, Bad und Toilette, Küche, Wohnbereich und Schlafzimmer mit verglastem Dach und freiem Blick zu den Sternen.

Der Sternenwagen

Bei einer Nachtwanderung sind in klaren mondlosen Nächten tausende Sterne, die Milchstraße, Kometen oder kosmische Gaswolken freilich noch besser sichtbar. Genauso wie der schwache Schein des Nachthimmelleuchtens oder ferne Galaxien wie die Andromeda-Galaxie, die trotz 2,5 Millionen Lichtjahre Entfernung in der Rhön mit bloßem Auge erkennbar ist.

Im Sternenpark

Der zauberhafte Nachthimmel war Künstlern und Philosophen nicht ohne Grund Quelle der Inspiration und Projektionsfläche unzähliger Mythen und Legenden. „Gegen der Erde Leid gibt es keinen Trost als den Sternenhimmel", schrieb Dichter Jean Paul. Aber auch Wissenschaftler und Weltentdecker leiteten aus der Beobachtung des Sternenhimmels wichtige Erkenntnisse für die Navigation und das Erstellen von Kalendern ab. Das Verstehen astronomischer Zusammenhänge ist eine der ältesten Kulturleistungen der Menschheit.

Ob man auf eigene Faust unterwegs ist oder sich einer von Sternenkundlern geführten Tour anschließt, zum Sternegucken gibt es in der Rhön etliche, eigens ausgewiesene astronomische Beobachtungsplattformen und Himmelsschauplätze. Dort befinden sich direkt neben den Plattformen ein Polarsternfinder, mit dem auch Unbedarfte schnell den Polarstern finden können, große Liegen zum Genießen des Sternenhimmels und Platz, um Teleskope aufzustellen.

Der Polarsternfinder

Die Fachstelle des Sternenparks Rhön gibt Kommunen und Unternehmen Planungshilfen zur Reduzierung von Lichtimmissionen. Im hessischen Fulda hat das so gut geklappt, dass die Stadt 2019 als erste Sternenstadt Deutschlands ausgezeichnet wurde. Das bedeutet nicht, dass in Fulda nachts die Lichter ausgehen, sondern dass kalte Lichtfarben vermieden werden und die Beleuchtung gezielt auf Gehsteige und Straßen und nicht in den Himmel gerichtet wird.

So sitzen vielleicht manche Nachtschwärmer in einer schummrigen Bar, nippen zur Lounge-Musik an ihren Cocktails und träumen davon, der Liebsten einen nach ihr benannten Stern zu schenken. Manch einem kommt Marlene Dietrichs Lied „Ich weiß nicht, zu wem ich gehöre" in den Sinn, wo es im Refrain heißt: „Ja soll denn etwas so Schönes nur einem gefallen? Die Sonne, die Sterne gehören doch auch allen." Dabei kann von gehören nicht die Rede sein, denn wie ein Sternenexperte seinen Gästen bei der Nachtwanderung erklärt hat, könne es durchaus sein, dass man das Licht eines weit entfernten Sternes beobachtet, den es schon lange nicht mehr gibt. Denn beim Blick in den Sternenhimmel schauen wir manchmal Milliarden von Jahren zurück in die Vergangenheit. Selbst wenn das Licht der Sonne, die etwa 150 Millionen Kilometer von uns entfernt ist, nur acht Minuten braucht, bis es die Erde erreicht.

Info

Lage: Rhönstraße 97, 97772 Wildflecken , Tel. 0800 9719771, *sternenparkrhoen.de* und *verein-sternenpark-rhoen.de*

Aktivitäten: verschiedene Sternenparkführungen von unterschiedlichen Orten, *sternenparkrhoen.de/sternenparkfuehrungen*. Verzeichnis der Himmelsschauplätze, *verein-sternenpark-rhoen.de/beobachtungsplaetze-in-der-rhoen*

Unterkunft:

- Sternenwagen: komfortabel ausgestatteter Bauwagen mit Glasdach zum Sternegucken. Kann (fast) überall aufgestellt werden; Kontakt: Hauptstraße 9, 36466 Dermbach-Bernshausen, Tel. 036964 82346, *gruene-kutte.de/wohnen/sternenwagen*

Rund um
Bad Neustadt

Gradierpavillon im Kurpark von Bad Königshofen

Rund um Bad Neustadt

Oberelsbach
Mellrichstadt
285
Westenfeld
Weisbach
THÜRINGEN
Bastheim
Römhild
Rappershausen
Burgwallbach
279
39
Wülfershausen
an der Saale
Biosphärenreservat
Rhön
Bad Neustadt
an der Saale
40
279
Bad
Königshofen
Steinach
schach
Großwenkheim
Münnerstadt
Sulzdorf an der
Lederhecke
287
Bundorfer
Forst
BAYERN
Bad
Kissingen
Birnfeld
71
286
Ebertshausen
Ramsthal
Pfändhausen
Lendershausen
Mechenried
Kützberg
286
303
Schweinfurt
303
Waldsachsen
70
Haßfurt
Vasbühl
Bergrheinfeld
Main
286
19
Ettleben
Grettstadt
Dürrfeld
Westheim

39 Bad Neustadt

IST DAS NICHT HERZIG?

Neustadt an der Saale ist seit jeher eine Stadt mit Herz. Schließlich umgibt die Altstadt eine vollständig erhaltene Stadtmauer in Herzform. Karl der Große soll daran nicht unbeteiligt gewesen sein … Das Prädikat Bad übernahm Neustadt allerdings ganz profan durch die Eingemeindung von Bad Neuhaus.

Eine karierte Tischdecke auf der Wiese mit einem Weidenkörbchen, Tellern, Besteck, etwas Feinem zum Schnabulieren und einem Glas Champagner: So ein Picknick verbreitet Atmosphäre, hat Stil. Und wenn noch dazu die Musik spielt, muss man in Bad Neustadt sein: Denn neben den Kurparkkonzerten gibt es dort auch die jährlichen Picknickkonzerte im Kurpark. Unterschiedliche Musikrichtungen laden dabei auch zum Tanzen oder Mitsingen ein. Ist das nicht herzig?

Ungefähr so herzig wie die Altstadt: Diese wird umringt von einer herzförmigen Stadtmauer mit dem Hohntor als Wahrzeichen (Foto links). Der 34 Meter hohe Turm bildet die Spitze der vollständig erhaltenen Stadtmauer in Herzform. Geht man durch das 1580 errichtete Tor in die historische Altstadt, befindet man sich auf der einstigen Handelsstraße von Hamburg nach Rom. Der große Marktplatz mit seinen beiden Brunnen bildet die gute Stube der Stadt und die wöchentlich stattfindenden Märkte erinnern an seine Bestimmung seit jeher. Im Mittelpunkt steht ein Brunnen mit der Figur einer Quellnymphe aus der Barockzeit, zu der jedoch jeder in Neustadt nur Marktbärbel sagt.

Die Salzburg

Die Stadtmauer ist noch sehr gut erhalten und umschließt auf knapp zwei Kilometer Länge den Kern der Stadt. Eine Legende besagt, dass Karl der Große seiner Frau versprach, ihr eine Stadt in Herzform zu erbauen. Aus der Luft lässt sich diese Herzform am besten erkennen. Aber auch ein Stadtplan und gemütlicher Spaziergang um die Stadtmauer zeigt das Neustädter Herz.

Der Marktplatz

790 besuchte Karl der Große erstmals seine Königspfalz Salz. Im frühen Mittelalter gab es keinen dauerhaften Regierungssitz, der König reiste das ganze Jahr durch sein Reich und stieg dann in den zeitweiligen Residenzen, den Pfalzen, ab. Bis 948 kamen zahlreiche Könige und Kaiser für einige Tage, Wochen oder auch Monate an die Fränkische Saale. Man kann davon ausgehen, dass Karl der Große in den Wäldern der Rhön (siehe Tipp 37) jagte und in der Saale angelte. Gesandte wurden empfangen und Regierungsversammlungen abgehalten. Dafür waren standesgemäße Wohn- und Repräsentativbauten, Kirchen und Befestigungen nötig. Genauso wichtig waren landwirtschaftliche Güter, Wälder, Handwerkseinrichtungen und Verkehrswege zur Versorgung. All diese Bestandteile bildeten das Pfalzgebiet Salz.

Erst viel später, von 1150 bis 1250, wurde die Salzburg in diesem Gebiet gebaut. Sie liegt auf einer Hochebene, etwa einen Kilometer östlich von Bad Neustadt, und gilt als eine der mächtigsten Burganlagen Deutschlands: Die Gesamtfläche beträgt ungefähr einen Hektar, die Ringmauer ist 450 Meter lang. Große Teile der Anlage sind gut erhalten und im Südwestflügel sogar noch bewohnt, vom Besitzer Freiherr von und zu Guttenberg.

Die Stadtmauer

Eigentlich bestand die Salzburg aus ursprünglich sechs Einzelburgen, die von der Ringmauer umschlossen wurden. Die Burgmänner, die dort residierten, waren Lehensleute des Würzburger Bischofs und mittels eines Burgfriedens dazu verpflichtet, die Anlage gemeinsam zu bewohnen, zu bewirtschaften und zu verteidigen.

Die Stadt mit Herz hat aber noch ein zweites Schloss: die 1767 erbaute, spätbarocke Schlossanlage Neuhaus, in der man sogar nächtigen kann, da sie als Hotel dient.

Bei so viel Historie noch einen Blick in die Gegenwart: auf den Irhönman im Sommer. Nicht nur die Wortschöpfung ist clever, auch der Austragungsmodus. Anders als etwa beim weltbekannten Ironman auf Hawaii stehen in Neustadt nicht primär die sportlichen Höchstleistungen im Mittelpunkt, sondern mehr der Breitensport für Jung und Alt. Über drei Sommertage geht der Irhönman: mit Stadtlauf, einem Erlebnistag im „Triamare" sowie dem Rhöner Kuppenritt zum Finale. Neustadt ist eben anders, herzig und auch nicht die typische Kurstadt …

Info

Lage: Bad Neustadt ist die Kreisstadt des Landkreises Rhön-Grabfeld und liegt 32 Kilometer nördlich von Schweinfurt.

Auskunft: An der Stadthalle 4, 97616 Bad Neustadt a. d. Saale, Tel. 09771 6310310, *bad-neustadt-erleben.de*

Aktivitäten: Erlebnisbad und Saunalandschaft, *triamare.de*

Events:
- Parkkonzerte
- *irhoenman.de*

Museum: Mellrichstädter Salzhaus, *mellrichstadt-rhoen.de/museen.html*

Restaurant:
- Olor: moderne Küche mit Trüffel-Spaghetti oder Gans; Hohnstraße 35, 97616 Bad Neustadt a. d. Saale, Tel. 09771 177330, *hotel-schwan-und-post.de*

Unterkünfte:
- Fränkischer Hof: Zimmer von heute im Fachwerkhaus, vier Restaurants; Spörleinstraße 3, 97616 Bad Neustadt a. d. Saale, Tel. 09771 61070, *hotelfraenkischerhof.de*
- Schlosshotel: 4-Sterne-Haus, hochwertige Zimmer in Schlossatmosphäre, gutes Restaurant; Schlossplatz 5, 97616 Bad Neustadt a. d. Saale, Tel. 09771 61610, *schlosshotel-bad-neustadt.de*

40 Bad Königshofen

DIE STADT IM GRABFELD

Schwedenkönig Gustav Adolf und eine Burg, die erst zum Schloss umgebaut und später komplett geschleift wurde. Ein paar Finnen und ihre Sauna sowie Deutschlands erster Naturheilwassersee. Schließlich der merkwürdige Beiname „im Grabfeld“: Alles hat mit Bad Königshofen zu tun und es gibt einiges aufzuklären.

Eine finnische Sauna kennt jeder. Saunieren hat ja inzwischen auch bei uns Tradition, in Finnland sogar schon seit rund 1500 Jahren. Rund zwei Millionen Saunaöfen soll es in Finnland geben, was rein rechnerisch bedeuten würde, dass auf drei Finnen eine Sauna kommt. Saunieren ist gesund: Im Körper wird ein künstliches Fieber erzeugt, das einige Krankheitserreger zerstören kann. Die wechselnden Temperaturen zwischen Hitze- und Kaltbädern stärken Muskulatur und Kreislauf, aber auch die Durchblutung wird angeregt. Soweit so gut. Aber warum soll man nun zum Saunieren ausgerechnet nach Bad Königshofen im Grabfeld in Unterfranken fahren?

Ein Blick in die Geschichtsbücher hilft da weiter: Wir gehen zurück zum 7. Oktober 1631. Der Dreißigjährige Krieg tobte in weiten Teilen Mitteleuropas und an diesem Tag standen die Schweden unter Gustav II. Adolf vor der Festung Königshofen. Drei Tage später wurde sie übergeben und bis 1635 war Königshofen von den Schweden besetzt. Unter den Besatzern waren auch einige Finnen, die irgendwann in

Das Saunadorf

den Jahren 1631 bis 1634 die erste Sauna nach Königshofen und überhaupt in den süddeutschen Raum brachten.

So ist das Finnisch-Fränkische Saunadorf der „Franken Therme" in Bad Königshofen nicht nur irgendeine Sauna, sondern ein Saunadorf mit historischem Hintergrund und im Stil fränkischer Fachwerkhäuser errichtet. In jedem Saunahäuschen findet man unterschiedliche Temperaturen, von 55 bis heiße finnische 95 Grad.

Und die „Franken Therme" hat noch eine Besonderheit: Der erste Naturheilwassersee in Deutschland wird vollbiologisch über Pflanzen und Bodenfilter aufbereitet, sodass man das Heilwasser der Regiusquelle naturbelassen bei 28 bis 30 Grad genießen kann. Die Wirkung des Heilwassers wird kombiniert mit modernen Unterwasser- und Schwalldüsen, Sitzbänken und Sprudelliegen.

Die Kleinstadt Bad Königshofen mit 7000 Einwohnern ist umgeben von den Haßbergen (siehe Tipp 43), der Rhön (siehe Tipp 37) und dem Thüringer Wald. Schon 741 zum ersten Mal urkundlich erwähnt, besteht der Kernort der mittelalterlichen Festungsstadt heute aus dem historischen Marktplatz mit dem erker- und

Pfarrkirche und ...

... Marktbrunnen

wappengeschmückten Rathaus, Resten der alten Stadtmauer und der denkmalgeschützten Stadtpfarrkirche Mariä Himmelfahrt, deren spätgotischer Kirchturm mit 62 Meter Höhe alle anderen Gebäude überragt. Dazu kommen hübsche Brunnen wie der Röhren- oder Michaelsbrunnen mit seiner schmiedeeisernen Krone und historische Fachwerkhäuser. In einem, dem Schlundhaus, nächtigte Schwedenkönig Gustav Adolf.

Ende des 19. Jahrhunderts stieß man auf die mineralischen Heilquellen Regius und Urbani. Bald darauf entstand das erste Badehaus in Königshofen. Das natrium-chlorid-sulfathaltige Wasser eignet sich sowohl für Bade- als auch für Trinkkuren. Das Prädikat Bad wurde 1974 vergeben.

Von der Festung Königshofen, die der Schwedenkönig im Dreißigjährigen Krieg einnahm, ist nur noch ein Wallrest erhalten. Seit 1245 Burg, wurde sie gut 300 Jahre später zu einem Schloss umgebaut. Es war ein stattlicher zweigeschossiger und dreiflügeliger Bau. Anfang des 19. Jahrhunderts wurde die einstige Festung jedoch geschleift und 1856 an deren Stelle das Rentamt errichtet, wobei auch Schlossreste verbaut wurden.

Zu guter Letzt bleibt die Bezeichnung Grabfeld zu klären. Das Grabfeld, selten auch Grabfeldgau genannt, liegt auf knapp 700 Meter Höhe und ist eine hügelige Landschaft zwischen Rhön und Thüringer Wald. Warum die Landschaft den ungewöhnlichen

Namen Grabfeld trägt, ist bis heute unklar. Die naheliegendste Erklärung: Grabfeld könnte von Graphelt, also von das Feld der Grafen stammen. Der Geschichte der Menschen im Grabfeld, besonders während der DDR-Zeit, widmet sich ein eigenes Museum.

Wallrest der Festung

Info

Lage: Bad Königshofen liegt im Landkreis Rhön-Grabfeld, etwa 20 Kilometer östlich von Bad Neustadt.

Auskunft: Am Kurzentrum 1, 97631 Bad Königshofen i. Gr., Tel. 09761 91200, *badkoenigshofen.rhoen-saale.net*

Aktivitäten:

- Saunalandschaft, Naturheilwassersee, Wellnessangebote, *frankentherme.de*
- Freizeitpark mit Fahrgeschäften, *maerchenwald-sambachshof.de*

Museum: *schranne.info/museum-fuer-grenzgaenger*

Restaurant:

- Salzingers: benannt nach dem Familiennamen der Besitzer. Gute regionale Küche, Biergarten, 3-Sterne-Zimmer; Bamberger Straße 18, 97631 Bad Königshofen i. Gr., Tel. 09761 395660, *landhotel-vierjahreszeiten.de*

Unterkunft:

- Schlundhaus: schon seit dem Besuch des Schwedenkönigs Hotel, sechs hübsche Zimmer mit Zeugnissen der Vergangenheit. Lokal mit gutbürgerlicher Küche; Marktplatz 25, 97631 Bad Königshofen i. Gr., Tel. 09761 1562, *schlundhaus.de*

Region Haßfurt

Königsberg

Region Haßfurt

41. Haßfurt: der Hase im Nebel
42. Königsberg: Klöße statt Klopse
43. Haßberge: verborgene Schönheit

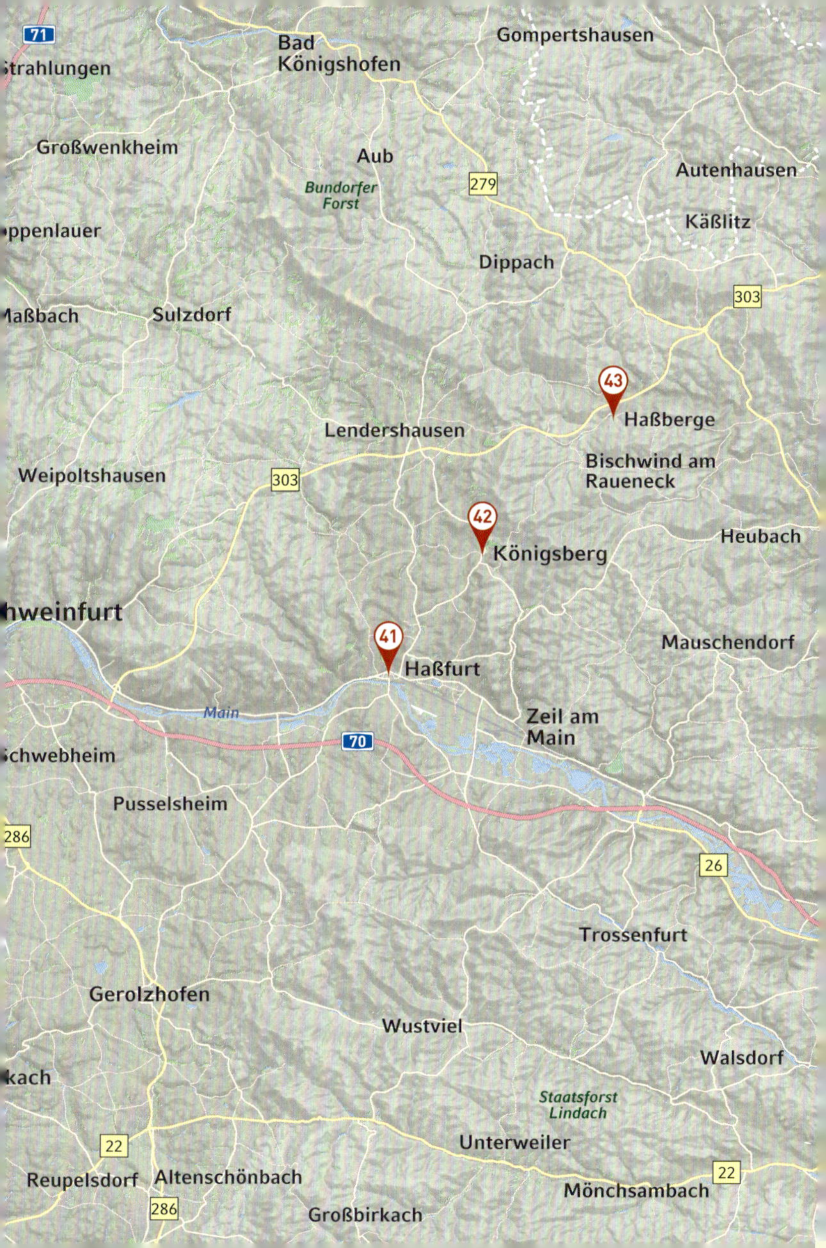
71
trahlungen
Bad Königshofen
Gompertshausen
Großwenkheim
Aub
Bundorfer Forst
279
Autenhausen
Käßlitz
ppenlauer
Dippach
303
Maßbach
Sulzdorf
43
Haßberge
Lendershausen
Bischwind am Raueneck
Weipoltshausen
303
42
Königsberg
Heubach
hweinfurt
41
Haßfurt
Mauschendorf
Main
Zeil am Main
70
chwebheim
Pusselsheim
286
26
Trossenfurt
Gerolzhofen
Wustviel
Walsdorf
kach
Staatsforst Lindach
Unterweiler
22
22
Reupelsdorf
Altenschönbach
Mönchsambach
286
Großbirkach

41 Haßfurt

DER HASE IM NEBEL

Haßfurt war nur wenige Jahre eine freie Reichsstadt, hatte aber mit der Haßfurter Elle ein eigenes Längenmaß. Die Ritterkapelle sucht ihresgleichen in Deutschland und nachdem die Mainbrücke im Dreißigjährigen Krieg niedergebrannt wurde, konnte man den Fluss 235 Jahre lang nur mit einer Fähre überqueren.

Metzgerei „Fuchs“

Die Orientierung fällt leicht in Haßfurt: Zwischen Unterem (Foto links) und Oberen Tor spielt sich alles ab. Die Altstadt ist in ihrer ursprünglichen Anlage als langgezogenes Rechteck zwischen den beiden Stadttürmen deutlich erkennbar. Dort ereigneten sich 770 Jahre Stadtgeschichte. Dort gilt heute sehen und gesehen werden, als sei man auf einem Boulevard. Shopping, ob Modefummel oder Kochtopf, Essen gehen, ob Hochzeitsessen oder Bratwurst: Die breitangelegte Hauptstraße hat alles – und ihren Namen wohl verdient.

Der Obere Turm wird auch Bamberger Tor genannt, ist ein rechteckiger Torturm der ehemaligen Stadtbefestigung aus dem Jahr 1230 und mit der respektablen Höhe von 39 Metern ausgestattet. Der Untere Turm, auch als Würzburger Tor bekannt, ist mit 29 Metern kleiner, stammt aber aus der gleichen Zeit und diente dem gleichen Zweck. Und mitten zwischen den beiden viereckigen Stadtbefestigungstürmen liegt auf halber Höhe der Marktplatz mit Altem Rathaus, errichtet 1516 an der Stelle eines Vorgängerbaues. Am Ostportal ist die Haßfurter Elle eingelassen: Diese 83 Zentimeter waren damals das verbindliche Längenmaß im Hoheitsbereich der Stadt. Etwas versetzt rundet die Stadtpfarrkirche St. Kilian den Marktplatz ab. Die um 1400 gebaute spätgotische, dreischiffige Hallenkirche birgt unter anderem die beiden Holzfiguren „Johannes der Täufer“ und „Maria mit Jesukind“ von Tilman Riemenschneider. Auch das Neue Rathaus von 1719 – bis 1804 Kellerei, bis 1862 Landgericht, bis 1938 Bezirksamt, bis 1988 Landratsamt und erst seit 1994 Rathaus – findet sich auf der Hauptstraße, unweit des Oberen Turms.

Rathaus

Und nicht vergessen: Lassen Sie sich beim „Fuchs" ein „Leberkäs-Weggla" in die Hand geben. Die Metzgerei „Fuchs" gibt es schon seit mehr als 50 Jahren in Haßfurt und die Qualität ist außerordentlich.

Wohl gestärkt kann man sich dann auch außerhalb der beiden Stadttore bewegen und zum Beispiel auf die Ritterkapelle treffen: Sie ist wohl einmalig in Deutschland, stammt aus dem 15. Jahrhundert und zeigt im Dach des Chores 230 in Sandstein gehauene Adelswappen. Der Reiterzug der drei Könige schmückt den Haupteingang und in der Vorhalle ist die überlebensgroße Figur des Viertugendmannes zu sehen. Das Marienheiligtum gilt als Wahrzeichen der Stadt.

Der Fröschturm, unweit vom Main, ist ein zweigeschossiger, spätmittelalterlicher Rundturm, der ebenfalls Teil der ehemaligen Stadtbefestigung war. Direkt am Main steht der Brückentorturm und man trifft auf die Mainwiese, wo man sich zum Boulespielen, Reden und Entspannen trifft. Unbehelligt vom Verkehr genießt man die Ruhe am Wasser. An der Mainbrücke aus den 1960er-Jahren geht man flussabwärts vorbei und kommt zur ehemaligen Mainmühle. Die höhenverstellbaren Mühlräder konnten mechanisch dem jeweiligen Wasserstand angepasst werden. Heute ist die Volkshochschule darin untergebracht. Im Dreißigjährigen Krieg brannten die Schweden 1632 die erste Haßfurter Mainbrücke ab: Für die nächsten 235 Jahre konnte der Main lediglich mit einer Fähre überquert werden.

Der Name der Stadt Haßfurt mit heute knapp 15.000 Einwohnern, hat nichts mit dem Hasen zu tun, der seit dem 16. Jahrhundert zentral im Stadtwappen dargestellt wird. Vielmehr steht der

Name Haßfurt im Zusammenhang mit dem Nebel, den man in einem Wappen jedoch schlecht darstellen kann. Hasefurth wurde 1230 erstmals urkundlich erwähnt und war im 13. Jahrhundert der gebräuchliche Name, abgeleitet von Hasufurt, was im Germanischen Nebelfurt bedeutete. Zu dem Wort Hass besteht keinerlei Verbindung. Das „ß" bekam Haßfurt erst im 14. Jahrhundert implantiert. Da hatte Haßfurt auch kurzzeitig den Status einer freien Reichsstadt inne.

Oberes Tor

Info

Lage: Haßfurt ist die Kreisstadt des Landkreises Haßberge und liegt etwa 60 Kilometer nordöstlich von Würzburg.

Auskunft: Hauptstraße 9, 97437 Haßfurt, Tel. 09521 688300, *hassfurt.de*

Aktivitäten:

- Erlebnisbad mit sechs Schwimmbecken, 127 Meter lange Wasserrutsche, Sauna, Dampfgrotte, *stwhas.de/freizeitzentrum-hassfurt/erlebnisbad*
- Fallschirmspringen, auch Tandemflüge, *fsz-hassfurt.de*

Restaurants:

- Zum Fass: fränkische Küche mit großen Portionen; Hauptstraße 59, 97437 Haßfurt, Tel. 09521 2391
- Metzgerei Fuchs: Schnellimbiss mit täglich wechselnden Gerichten und leckerem Leberkäs; Hauptstraße 70, 97437 Haßfurt, Tel. 09521 1503, *metzgerei-fuchs.de*

Unterkunft:

- Alte Schule: einfach, aber zweckmäßig ausgestattete Zimmer, gutes Restaurant; Pfarrgasse 2, 97437 Haßfurt, Tel. 09521 6229690, *altstadthotel-hassfurt.de*

42 Königsberg

KLÖSSE STATT KLOPSE

Königsberg wird von Hügeln mit dichtem Mischwald umgeben. Und dennoch: Ins Auge sticht zunächst die Burg Königsberg, die über dem romantischen Örtchen thront und auf das Jahr 900 zurückgeht. Die mächtigen Grundmauern, einige Bastionen, der wieder aufgebaute Wachtturm und die den Graben überspannende Brücke zeugen von der einstigen Stärke der Burg, doch ab 1720 wurde sie dem Verfall überlassen.

Mit dem preußischen Königsberg und seinen bekannten Klopsen hat das bayerische Königsberg nichts gemein. Burg, Fachwerkhäuser und Traditionen kennzeichnen den Ort, in dem der Astronom und Mathematiker Regiomontanus geboren wurde und wo es natürlich heimische Klöße gibt.

Darunter wurde die gesamte Altstadt mit ihrem Fachwerk-Ensemble unter Denkmalschutz gestellt. Mal findet sich ein Naturkostladen in einem Haus, mal eine Bildhauerwerkstatt und natürlich Wohnungen. Jedes Fachwerkhaus hat seine eigene Geschichte, wie etwa das Geburtshaus des Astronomen und Mathematikers Johann Müller auf dem historischen Salzmarkt. Müller wurde später lateinisch Regiomontanus, also der Königsberger, genannt. Seine Sterntafeln haben die Navigationsmöglichkeiten von Seefahrern erheblich verbessert und so auch die Entdeckungsfahrten von Christoph Kolumbus oder Vasco da Gama erleichtert.

In der Altstadt

Königsberg in Bayern hat nichts mit dem ehemals preußischen Königsberg zu tun, das heute als Kaliningrad eine russische Exklave ist. Die 3700 bayerischen Königsberger wohnen in ihrem Ort mit Burg und in Fachwerkarchitektur, vorwiegend aus dem 17. und 18. Jahrhundert. Traditionen werden gepflegt: Am Hätscherklooßabend, an jedem 30. November, warnen die Jungen der Gemeinde seit jeher vor dem Feuer und kassieren dafür ein paar Münzen oder Süßigkeiten. Auch den Amtsboten gibt es noch, der früher zweimal pro Woche 50 Kilometer zu Fuß in die Residenzstadt Coburg gehen musste, um Botschaften zu überbringen. Im 21. Jahrhundert wird der Amtsbotenweg als Reminiszenz einmal im Jahr als Wanderung nach Coburg organisiert. Und ein Umzug an Pfingsten erinnert daran, dass die Königsberger Bürgerwehr seit 1848 die älteste freiwillige Bürgerwehr Deutschlands ist und im Revolutionsjahr gegründet wurde.

Info

Lage: Königsberg liegt im Landkreis Haßberge, etwa sieben Kilometer nordöstlich von Haßfurt.

Auskunft: Marktplatz 7, 97486 Königsberg i.Bay., Tel. 09525 92220, *koenigsberg.de*

Aktivitäten: Naturbadesee Altershäuser See

Museum: Regiomontanus-Ausstellung, Salzmarkt 2, 97486 Königsberg i.Bay.

Restaurant:

- Herrenschenke: fränkische Spezialitäten; Marienstraße 3, 97486 Königsberg i.Bay., Tel. 09525 92320, *herrenschenke.de*

Unterkunft:

- Goldener Stern: moderne Zimmer; Marktplatz 6, 97486 Königsberg i.Bay., Tel. 09525 92210, *goldnerstern.com*

43 Haßberge

VERBORGENE SCHÖNHEIT

Nahezu 40 Burg- und Schlossruinen verstecken sich in dem bis zu 512 Meter aufsteigenden Mittelgebirge, das im Süden, vom Main getrennt, an den Steigerwald (siehe Tipp 50) angrenzt. Einen sehr guten Überblick über die Landschaft verschafft man sich von der neuen Aussichtsplattform auf der Burgruine Bramberg nahe Ebern, einem unterfränkischen Kleinod mit viel Fachwerk und einer mittelalterlichen Stadtbefestigung. Erbaut wurde die Burg Bramberg auf dem gleichnamigen Berg im 11. Jahrhundert, wegen Raubrittertums der damaligen Bewohner auf kaiserliche Anordnung hin kurz darauf aber weitgehend zerstört. Erhalten sind noch Teile der äußeren Burgmauer und vom Hauptgebäude. Durch die Freistellung der Ruine hat man eine sehr gute Fernsicht.

Eine sanft-hügelige Natur, die bis auf mehr als 500 Meter ansteigt, Ruhe, aber auch das eine oder andere hübsche Städtchen und Bilderbuchdorf sowie Burgen und Schlossruinen: Das bieten die häufig kaum beachteten Haßberge. An rund einem Dutzend Seen kann man zudem baden, segeln, surfen und sich entspannen.

In der Region gibt es aber noch viele weitere historische Schmuckstücke zu entdecken: etwa das mächtige Barockschloss Sternberg oder die Burgruinen Altenstein und Lichtenstein, Gutenfels und Altenburg oder die Ruine Bettenburg mit Landschaftsgarten. In der Fachwerkhausgemeinde Burgpreppach steht

Burgruine Bramberg

zudem die monumentalste Anlage in den Haßbergen: Schloss Burgpreppach, das man sogar bewohnen kann, denn es gibt drei Gästezimmer. Die Broschüre „Burgen- und Schlösserwanderweg und Erlebnistouren in den Haßbergen" fasst die schönsten und wichtigsten Burgen und Schlösser zusammen; sie kann online bestellt werden. Oder man sucht das Deutsche Burgenmuseum auf der Veste Heldburg auf. Die Dauerausstellung veranschaulicht die Bedeutung, Funktion und Entwicklung von Burgen sowohl in Friedens- als auch in Kriegszeiten. In vielen Ortschaften trifft man zudem auf bestens erhaltenes Fachwerk, wie besonders in Hofheim, Nassach, Gemeinfeld, Unfinden, aber auch in Zeil am Main, wo im Hexenturm ein Dokumentationszentrum zur Hexenverfolgung untergebracht ist. Dazu kommt schließlich noch als zusätzliches Schmuckstück der Haßberge Balthasar Neumanns letztes großes Bauwerk bei Eltmann: die Wallfahrtskirche Maria Limbach, 1753 im Barockstil erbaut und im Inneren mit herrlichem Rokoko ausgestattet.

Schloss Burgpreppach

Bunte Mischwälder, offene Wiesentäler, artenreiche Streuobstwiesen, so mancher historische Weinberg und eine kleinteilige Landschaftsstruktur kennzeichnen die außerhalb Frankens eher unbekannten Haßberge. Mehr als die Hälfte des Naturparks ist mit Wald bedeckt! Und den zeigt Rangerin Katja Winter ihren Gästen bei Führungen: Wie entwickelt sich eigentlich ein Wald? Wo finden wir dort noch Wildkatzen? Oder sie führt ins geheimnisvollen Felsenlabyrinth rund um die Ruine Lichtenstein und damit auch in die Welt der Sagen. Dort führt der Sagenpfad zu merkwürdigen Felsen und umgestürzten Bäumen. Auf elf Stationen mit Schautafeln werden die überlieferten Sagen und Legenden beschrieben. Es geht um Ritter oder Adelsfamilien, aber auch um den Tränenfelsen. Von diesem Überhang tropft stetig Wasser – sogar in äußerst trockenen Sommern. Der Sage nach gehen diese Bergtränen auf die unglückliche Liebe eines Burgfräuleins zurück, das ihren Liebsten nicht heiraten durfte, weil sie evangelischen, er aber katholischen Glaubens war. So vergoss das Fräulein viele Tränen an diesem Felsen und seitdem fallen die Wassertropfen wie Tränen herab. Julia und Romeo in Franken …

Weinberg Unfinden

Rangerin Katja Winter hat bei ihren Führungen auch immer ein Auge auf Qualitätssicherung: Die Wanderwege und Naturpark-Einrichtungen sollen schließlich stets gut in Schuss sein. Und nach einer tollen Führung oder Wanderung ist ein Badesee ganz sicher die beste Erholung. Da können die Haßberge gleich rund ein Dutzend Mal für einen krönenden Abschluss des Tages sorgen, denn so viele Naturbadeseen stehen zur Abkühlung bereit. Darunter auch der Ellertshäuser See, Unterfrankens größter See, auf dem man sogar Segeln und Surfen kann.

Info

Lage: Die Haßberge liegen zwischen den Städten Schweinfurt, Bamberg und Coburg.

Auskunft: Marktplatz 1, 97461 Hofheim, Tel. 09523 5033710, *hassberge-tourismus.de.* Burgenbroschüre: *hassberge-tourismus.de/wandern/erlebnistouren*

Aktivitäten: Badeseen Baunach (in Baunach), Breitengüßbach (Breitengüßbach), Ellertshäuser See (Stadtlauringen), Horhäuser See (Theres), Irmelshausen (Höchheim), Kemmern (Kemmern), Sand (Sand), Schweinshaupten (Bundorf), Seidenhäusersee (Königsberg), Sulzfelder Badesee (Sulzfeld), Weißfichtensee (Ebern)

Museen:

- *deutschesburgenmuseum.de*
- *zeiler-hexenturm.de*

Restaurant:

- Zur alten Freyung: alles aus eigener Schlachtung und selbst gebrautes Bier; Speiersgasse 21, 97475 Zeil a. Main, Tel. 09524 9554, *zur-alten-freyung.de*

Unterkunft:

- Schloss Burgpreppach: Zimmer im Schloss; Hauptstraße 18, 97496 Burgpreppach, Tel. 09534 255, *schloss-burgpreppach.de*

Kitzingen und Umgebung

Weinfest in Volkach

Kitzingen und Umgebung

44. Kitzingen: Heiß, heißer, Kitzingen!
45. Volkach: Wein schöner Land
46. Dettelbach: eine Märchenkulisse
47. Münsterschwarzach: ora et labora
48. Iphofen: Bocksbeutel im XXL-Format
49. Marktbreit: am Malerwinkel
50. Steigerwald: zum Waldbaden

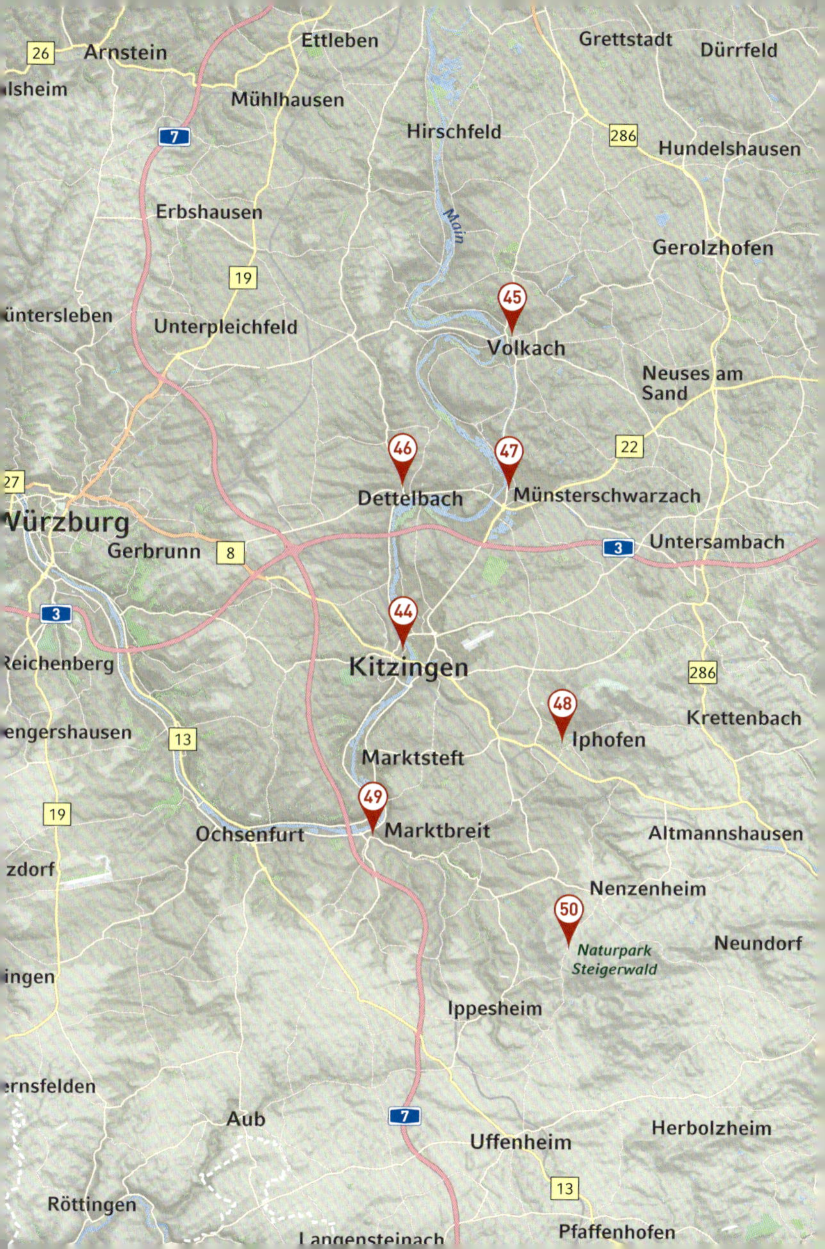
26
Arnstein
lsheim
Ettleben
Mühlhausen
7
Hirschfeld
Grettstadt
Dürrfeld
286
Hundelshausen
Erbshausen
Main
Gerolzhofen
19
45
üntersleben
Unterpleichfeld
Volkach
Neuses am Sand
46
47
22
27
Dettelbach
Münsterschwarzach
Würzburg
Gerbrunn
8
3
Untersambach
3
44
Reichenberg
Kitzingen
286
48
Krettenbach
engershausen
13
Iphofen
Marktsteft
49
19
Ochsenfurt
Marktbreit
Altmannshausen
zdorf
Nenzenheim
50
Naturpark Steigerwald
Neundorf
ingen
Ippesheim
ernsfelden
Aub
7
Uffenheim
Herbolzheim
13
Röttingen
Langensteinach
Pfaffenhofen

44 Kitzingen

HEISS, HEISSER, KITZINGEN!

Stadt der fünf Brücken und vier Türme, Heimat von Papiertheater und FastnachtMuseum: Kitzingen ist ein hübsches und wohlhabendes Städtchen, in dessen Entstehungsgeschichte ein Schleier die entscheidende Rolle spielte. In heißen Sommern hilft das AquaSole mit etwas Abkühlung. Und vor den Toren der Stadt geht es zum zünftigen Meterbratwurstessen.

Kitzingen am und im Main

Sieben Strophen hat der Text zum Unterfrankenlied, das ein gewisser Hannes Grebner 1953 verfasst hat. Der Mundart- und Heimatdichter stammt aus Großlangheim im Landkreis Kitzingen und lobt-liebt seine Heimat vollmundig: „Unterfranken, du mein liebes Heimatland, wo die Dörflein träumen an des Maines Strand, wo im Steigerwald die alten Eichen stehn, Unterfranken, Heimat wie bist du so schön, Heimat liebe Heimat, wie bist du so schön …"

Das gilt auch für Kitzingen, die Hauptstadt im Landkreis und ein nettes Kleinstädtchen mit gut 20.000 Einwohnern. Eine der ältesten Städte in Unterfranken, Fairtrade-Stadt (seit 2017), historische Weinhandelsstadt, die aber auch eine bekannte Bierstadt war: Kitzinger Exportbiere wurden allerdings fast ausschließlich ins Ausland verkauft, da die Kitzinger in der Regel nur ihren einheimischen Wein tranken. Das Ende vom Lied: Heute gibt es keine Großbrauerei mehr … Aber auch der Weinhandel hat Federn gelassen: Zu Beginn des 20. Jahrhunderts war Kitzingen „die Stadt der 100 Weinhändler". Heute sind nur noch eine Handvoll übrig. Trotzdem geht es Kitzingen gut: Die Arbeitslosenquote ist stetig niedrig und mehr als 130 Betriebe haben ihren Sitz in der Stadt.

Wegen eines Schleiers entstand der Sage nach im Jahr 745 Kitzingen. Hadeloga, Schwester von König Pippin III., stand auf dem Schwanberg, blickte ins Maintal und war so angetan, dass sie beschloss, ein Kloster zu gründen. Sie übergab ihren Schleier dem Wind und wo der Schleier zu Boden fiele, sollte das Kloster errichtet werden. Ein Schäfer namens Kitz fand den Schleier am Main an einem Weinstock hängend. Dort wurde das Kloster gebaut und zu Ehren des Schäfers Kitzingen genannt.

Windschief sitzt die Spitze auf dem Falterturm, dem Wahrzeichen der Stadt. Der Befestigungsturm wurde 1496 als Teil der Stadtmauer errichtet. Er ist einer der vier letzten Türme der Wehranlage, die einst sogar mehr als 30 Türme zählte. Ebenso schief ist der Deusterturm (siehe Foto S. 246) und doppeltürmig zeigt sich die Alte Synagoge, in der Reichskristallnacht zerstört und nach dem Zweiten Weltkrieg als Kulturzentrum wieder aufgebaut. Auf dem Marktplatz, gesäumt von barocken Bürgerhäusern, stehen das Rathaus im Stil der Renaissance und der 39 Meter hohe Marktturm, ein Teil der Stadtbefestigung, an dem noch der ehemalige Pranger zu erkennen ist. Der Platz ist das historische Zentrum und zugleich ein geschlossenes Denkmalensemble. Der Marktbrunnen aus dem 18. Jahrhundert trägt eine Sandsteinfigur des Frankenapostels Kilian, gilt er doch als Schutzpatron aller Franken.

Der Falterturm

Alte Mainbrücke

Und da ist noch die mächtige Alte Mainbrücke: Die erste Konstruktion gab es bereits im 14. Jahrhundert und sie hielt mit einigen Renovierungen, die im Lauf der Zeit nötig wurden, bis heute. 1955 wurde sie dann umgebaut, um der Schifffahrt mehr Platz zu geben, wobei die historische Substanz bewahrt wurde. Neben der Alten Mainbrücke kann man den Fluss noch auf der Nordbrücke, Konrad-Adenauer-Brücke, der Südbrücke und mit entsprechendem Fahrschein auf der Eisenbahnbrücke überqueren.

Papiertheater ist „wenn eine Frau ein ganzes Theater ist. Das schrieb mal eine Zeitung über mich und mein Theater", sagt Besitzerin, Intendantin, Regisseurin, Autorin, Bühnenbildnerin Gabriele Brunsch. Mit ihren beiden Händen hat sie bislang mehr als 20 Stücke auf die Bühne des Papiertheaters Kitzingen gebracht. Angefangen hat es mit „Dracula", das Stück, das sie zum Papiertheater brachte, und zuletzt war „Der fliegende Holländer" in Kitzingen zu sehen.

Unter Papiertheater versteht man eine kleine Bühne aus Papier und Figuren, die von der Seite durch die Kulissen geführt werden. Im Biedermeier des 19. Jahrhunderts gehörten Papiertheater zum unverzichtbaren Bestandteil des Bürgertums. Opern und Märchen waren und sind die bevorzugten Genres. „Papiertheater ist im Prinzip so etwas wie die 3D-Spielkonsole eines theaterbegeisterten Bildungsbürgers im 19. Jahrhundert", definiert das Parvo Papiertheater in Mering bei Augsburg diese Spielart des Theaters ganz salopp. Die UNESCO hat die deutschen Papiertheater 2021 zum immateriellen Kulturerbe erklärt. „Ich mache Theater aus Leidenschaft. Es bereitet mir einfach große Freude zu sehen, wie mein Publikum nach den Vorstellungen mit leuchtenden Augen das Theater verlässt", sagt Gabriele Brunsch.

Im FastnachtMuseum

Ungewöhnlich ist auch das Deutsche FastnachtMuseum, das die vielschichtige Figur des Narren vom Mittelalter bis heute porträtiert. Es geht um den frühesten Fastnachtsumzug mit wilden Männern, Hexen und gruseligen Masken. Und es zeigt die Vorstellungen von Karneval, inklusive kulturhistorischer Wurzeln, Traditionen, Feuer- und Wasserbräuchen, Tanzgarden und kreativer Büttenrednern. Auffällig ist schon das Äußere des Hauses in der Luitpoldstraße 4: mit großen Lettern kenntlich gemacht, knallgelb und orange gestrichen sowie mit aufgemalten, bunten Masken verziert. Fünf Stufen führen hinauf zur hölzernen Eingangstür.

2015 wurde an der Wetterstation mit 40,3 Grad ein neuer deutscher Hitzerekord gemessen. Im August des gleichen Jahres wurde dieselbe Tageshöchsttemperatur noch einmal erreicht. Vier Jahre später ging der Rekord zwar mit 40,5 Grad nach Geilenkirchen in Nordrhein-Westfalen, doch im Jahrhundertsommer 2022 kletterte das Thermometer abermals auf 40 Grad, was zeigt: Kitzingen ist eine heiße Stadt. Gut, dass es zum Abkühlen nicht nur den Main, sondern auch den Badepark Aqua-Sole gibt …

Ein Ausflug lohnt ins nur wenige Kilometer südlich liegende Sulzfeld zum Meterbratwurstessen. Meist kommt zwar nur ein halber

Meter als Bratwurstschnecke auf den Teller, doch der Rekord liegt bei 5,73 Meter am Stück!

Info

Lage: Kitzingen ist Kreisstadt des gleichnamigen Landkreises und liegt etwa 18 Kilometer südöstlich von Würzburg.

Auskunft: Marktstraße 36, 97318 Kitzingen, Tel. 09321 208888, *visit-kitzingen.de*

Aktivitäten:

- *papiertheater-kitzingen.de*
- Badepark, Solebad und Saunalandschaft, *aqua-sole.de*
- Ausflug nach Sulzfeld, *meterbratwurst.com*

Event: *www.mainfrankentriathalon.de*

Museen:

- *deutsches-fastnachtmuseum.byseum.de*
- *conditorei-museum.de*

Restaurants:

- Bayerischer Hof: gemütlich fränkisch speisen mit Silvaner-Nudeln oder Sülze mit Musik, Biergarten, moderne Zimmer; Herrnstraße 2, 97318 Kitzingen, Tel. 09321 1440, *bayerischerhof.info*
- Zum Stern: Hier wurde der aktuelle Rekord im Meterbratwurstessen aufgestellt und für den sehr großen Hunger kann ein Meter Bratwurst mit Sauerkraut und Brot bestellt werden. Ansonsten gute fränkische Küche, eigene Weine und Zimmer; Peuntgasse 5, 97320 Sulzfeld, Tel. 09321 13350, *stern-sulzfeld.de*

Unterkünfte:

- Esbach-Hof: Mittelklassehotel mit ruhigen Zimmern; Repperndorfer Straße 3, 97318 Kitzingen, Tel. 09321 220900, *esbachhof.de*
- Fränkischer Hof: im Zentrum gelegen, Mittelklassezimmer; Königsplatz 4, 97318 Kitzingen, Tel. 09321 9248260, *hotel-fränkischerhof.de*

45 Volkach

WEIN SCHÖNER LAND

Irgendwann, vor 15 bis 20 Jahren, hat es angefangen: Junge unterfränkische Winzer übernahmen vielfach das Ruder im Familienbetrieb und entdeckten die herben, gebietstypischen Sorten neu, um sie mit hohem Niveau auf den Markt und in die Gaststuben zu bringen: Riesling, Silvaner, Müller-Thurgau – gerne im typisch fränkischen Bocksbeutel abgefüllt. Und besonders Bacchus, Kerner, Scheurebe profitierten von der neuen Ausrichtung, hatten doch gerade sie lange Zeit das Image von besserem Fusel.

Wer die unwiderstehliche Leichtigkeit des Mains erkunden möchte, ist in Volkach richtig: Dort dreht sich der Main im Kreis und man trifft auf feine Weine, Bratwürste und Sterne-Küche. Die Mainschleife ist ein Naturgeschenk und die Madonna im Rosenkranz von Tilmann Riemenschneider wurde sogar zum aufsehenerregenden Kriminalfall …

Volkach war mitten drin im Aufbruch: beim Wein, aber auch in der Gastlichkeit. Neben den zahlreichen Wirtsstuben, in denen ein Schoppen geradezu Pflicht war, entstanden moderne Vinotheken, die auch ein neues, jüngeres Publikum erschlossen. Auf dem Unterarm des Volkacher Top-Winzers Christian Müller ist für die Ewigkeit tätowiert: „Main Silvaner rockt". Sein Lieblings-Silvaner, den er Eigenart nennt, wächst am Hang Escherndorfer Lump und wird von Hand gelesen. Die Lagen sind freilich die gleichen geblieben: Wer

Die Mainschleife bei Volkach

unter Weinkennern Volkach sagt, hört sofort Escherndorfer Lump und Volkacher Ratsherr. Das Weingut Sauer ist im Volkacher Ortsteil Escherndorf und am Lumpen beheimatet, sinnigerweise in der Bocksbeutelstraße. Besitzer Horst Sauer, einer der sich selbst vermarktenden Volkacher Winzer, sagt: „Der Lump ist ein echter Sonnenfänger und wahrscheinlich der beste Weinberg Frankens." Seit Jahrmillionen gräbt sich der Main in den Muschelkalk und schafft bei Volkach beste Lagen.

Ein guter Weg, sich den Volkacher Tropfen zu nähern, ist die Volkacher Vinotheken-Tour. Dabei kann man in einem Dutzend Vinotheken und Weingütern maximal zwölf Weine kosten. Unter dem Motto „Ganz in Weiß" stehen jeweils zwei Weißweine zur Auswahl.

Am Marktplatz

Wer jedoch unter Urlaubern Volkach sagt, hört sofort Mainschleife, eines der schönsten Fleckchen Frankens. Die Einheimischen sagen: Bei uns dreht sich der Main im Kreis, weil er sich hier (auf fünf Kilometern) am wohlsten fühlt ... Es ist ein Schaustück der Natur und ein kontemplativer Ort zugleich, vor allem wenn man einen Picknickkorb und ein Fläschchen Volkacher Riesling dabei hat.

Auf der 360 Kilometer langen Bootswanderstrecke auf dem Main von Hochstadt im Coburger Land bis Aschaffenburg (siehe Tipp 16) ist Volkach ganz sicher das Highlight. Schilder zeigen Ein- und Ausstiegsstellen, Kilometerangaben, wie zum nächsten Anlandeplatz, aber auch Einkehrmöglichkeiten. Idealerweise paddelt man flussabwärts, wie bei der Einsteigertour ab Eisenheim durch die Mainschleife, die einen herrlichen Tag auf dem Fluss beschert. Inklusive Pausen für eine Brotzeit oder Fotostopps rechnet man mit sieben Stunden für die 16 Kilometer ab Eisenheim bis Schwarzach, wo der Bus für den Rücktransport wartet. Während der Fahrt, meist eingerahmt von Weinbergen an beiden Uferseiten, begegnet man kleinen Mainfähren, mächtigen Lastkähnen und anderen Paddlern, benutzt Sportbootschleusen und Landeplätze. Und man sieht Meter für Meter: Die Mainschleife ist ein Herzstück im fränkischen Weinanbaugebiet mit einer weiteren großen Lage am Ende der Schleife, wo das Nordheimer Vögelein gedeiht. Die Nordheimer behaupten übrigens, dass es bei ihnen neben den vielen Winzern auch hundert Schnapsbrennereien gäbe ...

Volkach ist ein Bilderbuch-Weindorf mit knapp 10.000 Einwohnern und seit dem 12. Jahrhundert sogar eine Stadt, die auf einer hochwasserfreien Terrasse erbaut wurde. Die Zweitorestadt gehört zu den schönsten Orten in Unterfranken. Der Marktplatz mit dem Rathaus mit doppelläufiger Freitreppe, das Untere und Obere Tor, in dem im Mittelalter die Diebe eingesperrt wurden, entlang der Hauptstraße dazwischen wunderschöne Patrizierhäuser, die den auf den Weinbau gegründeten Reichtum demonstrieren. In einer der zahlreichen Wirtsstuben sollte man sich in jedem Fall einen Schoppen genehmigen.

Oberes Tor

Bleibt noch die mitten in den Weinbergen liegende Wallfahrtskirche Maria im Weingarten, hoch oben auf einem steilen Hügel, die über einen Kreuzweg zu erreichen ist. Bereits in karolingischer Zeit stand hier eine Kirche. Für den Neubau wurde der Bildschnitzer Tilman Riemenschneider beauftragt, eine Madonna zu schaffen. 1524 wurde das Werk aufgehängt: eine Maria mit dem Jesu-Kind im Arm, 1,72 Meter groß, umgeben von sechs Engeln und eingerahmt durch einen Rosenkranz.

1962 wurde Riemenschneiders Madonna gestohlen: einer der größten Kunstraube im Nachkriegs-Deutschland. Die Polizei hatte aber keine heiße Spur. Da kam der damalige „Stern"-Chefredakteur Henri Nannen auf die Idee, 100.000 D-Mark für den Rückerhalt der Riemenschneider-Madonna zu bezahlen. Nannen, als Kunsthistoriker vertraut mit Kunstwerken, sah in dem Aufruf eine perfekte PR-Aktion für seinen „Stern". Und sie klappte sogar: Die Räuber erkannten, dass sie nach dieser Publicity ihren

Maria im Weingarten

Raub nur schwer in bare Münze umsetzen hätten können und die Madonna fand ihren Weg zurück nach Volkach. Die Diebe bekamen in einer Nacht- und Nebelaktion ohne das Mitwirken der Polizei das Lösegeld, wurden später aber doch noch überführt.

Info

Lage: Volkach liegt im Landkreis Kitzingen, etwa 19 Kilometer nördlich der Kreisstadt.

Auskunft: Marktplatz 1, 97332 Volkach, Tel. 09381 40112, *volkach.de*

Aktivitäten: Wasserwandern, *main-wasserwandern.de, kanuvermietung-mainschleife.de*

Event: Weinfeste im August in Volkach und Escherndorf

Museum: Barockscheune mit Geschichte, Landschaft und Kultur der Mainschleife

Einkaufen: Weine ab Hof, *max-mueller.de, weingut-horst-sauer.de, weingut-am-lump.de, schwane-weingut.de* u. v. m.

Restaurants:

- Weinstock: ein Michelin-Stern, 4- bis 6-Gänge-Menüs, elegant-modernes Ambiente; im Hotel Schwane, Hauptstraße 12, 97332 Volkach, Tel. 09381 80660, *schwane.de*
- Rose: Weingasthof mit guten Rinderrouladen, Zwiebelrostbraten oder Saiblingen; Oberer Markt 7, 97332 Volkach, Tel. 09381 8400, *rose-volkach.de*

Unterkünfte:

- Romantik Hotel Zur Schwane: hübsches Haus mit 34 individuell eingerichteten Zimmern, Sterne-Restaurant, angegliedertes Weingut; Hauptstraße 12, 97332 Volkach, Tel. 09381 80660, *schwane.de*
- Sonnenhotel Weingut Römmert: 4-Sterne-Haus, modern, ein bisschen schrill, Restaurant und Spa mit Pool und Saunen; Erlachhof 1, 97332 Volkach, Tel. 09381 718160, *sonnenhotels.de*

46 Dettelbach

EINE MÄRCHENKULISSE

„Seine Frau durfte den Türmer vertreten. Wenn er krank war. Oder besoffen." Alice Schiller, weit weg von Unterfranken in Osnabrück geboren, ist seit 2013 gästeführende Nachtwächterin in Dettelbach und erzählt gerne von der Zeit, als der Türmer und der Nachtwächter noch echte Funktionen innehatten. „1920 starb der letzte Türmer, der über Wohl und Wehe der Stadt im obersten Stockwerk im wuchtigen Eckturm der Stadtkirche gewacht hatte", zitiert Alice eine Chronik. „Nach Aussagen des Ratsprotokolls muss er aber auch deftige Freß- und Trinkgelage in der Türmerstube abgehalten haben ..."

Die kleine Dettel gab den Namen für Dettelbach, wo sich ein Künstler in der Pfarrkirche selbst ans Kreuz gemalt hat und der Lebküchner gerne Muskatzinen spendiert. 30 Türme und eine fast vollständig erhaltene Stadtbefestigung sorgen für eine großartige mittelalterliche Atmosphäre im heutigen Weinort.

Alice Schiller, Gästeführerin nicht nur in Dettelbach, sondern auch im nahen Würzburg, macht es sichtlich Spaß von ihrer Wahlheimat zu erzählen und die Kleinstadt mit 7000 Einwohnern ins rechte Licht zu rücken: „Die Stadtbefestigung grenzte die mittelalterliche Altstadt mit 52 Türmen und fünf Toren vom Umland ab. Heute sind noch 30 Türme, zwei Stadttore und der mittelalterliche Mauerring fast vollständig erhalten." Die Türme sind häufig in privater Hand und werden als Wohnungen oder Ferienwohnungen genutzt. An manchen Stellen sehen Türme und Mauer aus, als seien sie für eine Märchenkulisse gemacht worden.

Auf der Stadtmauer

Durchs Steigtor kam der Bischof aus Würzburg – dort steht heute eine Steinstele des Dettelbacher Künstlers Roger Bischof – und der Männerturm war das damalige Gefängnis. Der Stadtrat war zwischen 1482 und 1804 zugleich das Stadtgericht, zumindest für geringere Delikte. Es konnte Gefängnis, Geldbußen oder den Pranger als Strafen verhängen. Ein Protokoll schildert die damaligen Verhältnisse: „Marta Dollfuß, die ihre Nachbarin ein Weibsmensch und üble Person geheißen, soll entweder fünf Gulden zur Straf zahlen oder drei Tage in den Turm gehen."

„Unser gotisches Rathaus von 1512 ist eines der schönsten in Unterfranken", schwärmt Alice und verrät Details: „Im Erker ist ein Raum zum Beten mit Kniebank und der abgestellte Koffer vor dem Rathaus erinnert an die Deportationen im Dritten Reich." Die Rathausfassade schmückt eine Freitreppe und Sonnenuhr. Außerdem überbrückt das Gebäude den mitten durch den Ort fließenden, namensgebenden Dettelbach. Viele Einheimische sagen auch nur „die Dettel" zu ihrem Bach.

Nachtwächterin Alice

In der Pfarrkirche St. Augustinus gibt es ein Kuriosum: ein Altarbild zum Aufklappen. Der Künstler Michael Triegel hat sich im Innenteil selbst ans Kreuz gemalt und auch seine Frau und Tochter verewigt.

Rathaus und ...

Kulturhistorisch bedeutsamer ist allerdings Maria im Sand, seit 1506 ein Ziel von Pilgern. Auch heute kommen noch jährlich um die 10.000 Gläubige nach Dettelbach, um das wundertätige und hochverehrte Vesperbild zu sehen: Ein gelähmter junger Mann soll nach einem Gebet vor dem Bildstock in den Weinbergen geheilt worden sein.

Neben den Wallfahrten gibt es seit Anfang des 16. Jahrhunderts auch den Weinanbau. Und einmal im Jahr ist ganz Dettelbach, Stadt seit 1484 und Weinort mit fünf professionellen Winzern und 14, die den Weinanbau nur nebenberuflich machen, auf den Beinen: zum Weinfest an Fronleichnam. Dettelbacher und andere fränkische Weine kann man aber natürlich das ganze Jahr über verkosten, in den Wirtshäusern und manchem Weingut sowie im Kuk, dem Kunst- und Kulturzentrum, das es seit 2008 gibt. Ein moderner Bau mit Vinothek, dem Kunstmuseum Pilger und Wallfahrer, Bibliothek und der Touristen-Information. Die Architektur verbindet Alt und Neu und bietet dem Besucher ein angenehmes Ambiente.

... St. Augustinus

Zum Schluss gibt es für jeden, der eine Stadtführung mitmacht, die Dettelbacher Spezialität Muskatzine. Thomas Daunhauer von der „Konditorei Kehl“ stiftet sie. Die Lebküchnerei gibt es schon seit 1686 und das Patent auf die Muskatzine hat man in Frankens ältester Konditorei seit dem 19. Jahrhundert.

Info

Lage: Dettelbach liegt im Landkreis Kitzingen, etwa zehn Kilometer nördlich von Kitzingen.

Auskunft: Rathausplatz 6, 97337 Dettelbach, Tel. 09324 3560, *dettelbach-entdecken.de*

Aktivitäten: *kanu-weimann.de*

Events:
- Weinfest an Fronleichnam
- Zinnenschoppen, Wein, Musik im August und September

Einkaufen: Weine ab Hof, etwa bei *weingut-regie.de, weingut-glaser-himmelstoss.de*

Restaurants:
- Zum Engel: alteingesessen, gutbürgerliche Küche, günstige Zimmer; Erbsengasse 1, 97337 Dettelbach, Tel. 09324 2452, *gasthof-zumengel.de*
- Café Kehl: Eis, Torten, Muskatzinen und fränkische Flammkuchen oder Bratwürste; Eichgasse 5, 97337 Dettelbach, Tel. 09324 97300, *cafe-kehl.de*

Unterkünfte:
- Franziskaner: 1863 Versorgungsgaststätte für Wallfahrer, heute 4-Sterne-Hotel neben Maria im Sand, Sauna, Restaurant; Wallfahrtsweg 14, 97337 Dettelbach, Tel. 09324 973030, *hotelfranziskaner.de*
- Turm Hartlieb: Ferienwohnung auf der Stadtmauer; Östliche Stadtmauer 5, 97337 Dettelbach, Tel. 0160 1522936, *turm-hartlieb.de*

47 Münsterschwarzach

ORA ET LABORA

Bete und arbeite, nach diesem Motto von Klostergründer Benedikt von Nursia leben 90 Mönche bis heute im Kloster Münsterschwarzach: fünf Gottesdienste pro Tag, Stundengebete und die Arbeit in den Werkstätten, dem Verlag, der Schule und in der Seelsorge. Sie verstehen sich auch im 21. Jahrhundert als Missionsbenediktiner in einem Missionskloster, das eingebunden in einen weltweiten Verband ist. Münsterschwarzach ist eines von 55 Benediktinerklöstern in 20 Ländern auf vier Kontinenten.

Vier mächtige Kirchtürme zeigen an: Hier herrscht der Klerus. Der Rest der Gemeinde scheint wie verschluckt und unsichtbar. Obgleich man ja einen Neubau von 1938 sieht, der die 1200-jährige Geschichte repräsentiert. Und ein Pater geriet in die Schlagzeilen, weil er sich an der Börse verspekuliert hatte … Na sowas!

In der mehr als 1200-jährigen Geschichte ist natürlich einiges passiert. Ursprünglich im Jahr 780 als Frauenkloster gegründet, erlebte das Männerkloster rund 300 Jahre später seine Blütezeit. 1803 dann die Säkularisation: Eine der ersten Papierfabriken Deutschlands nahm ihre Arbeit in der Abtei auf. Mönche aus Oberbayern besiedelten das Kloster ab 1913 erneut, doch schon 1941 hob das Nazi-Regime die Abtei wieder auf. Unmittelbar nach Kriegsende 1945 kehrten jedoch alle Mönche in ihr Kloster zurück. Während der

Das viertürmige Kloster

Flüchtlingskrise 2015 beschloss Michael Reepen, der 75. Abt in Münsterschwarzach, die Tore des Klosters für Migranten zu öffnen und konkret zu helfen: So wurden unbegleitete Minderjährige im Kloster ausgebildet. Und wer das Klosterleben auf Zeit einmal ausprobieren möchte, kann dies, nach Anmeldung, bis heute für einige Tage tun.

2018 kam das Kloster sowohl in die Wirtschaftspresse als auch in die bunten Blätter der Republik: Pater Anselm Grün, Finanzchef der Abtei Münsterschwarzach mit schütterem weißen Haar und weißem Rauschebart, gab in einem Interview mit „Bunte" zu, sich während der Finanzkrise 2008 an der Börse verspekuliert und zwischenzeitlich zehn Millionen Euro verloren zu haben, nachdem er sich das Geld bei der Bank geliehen und dann an der Börse angelegt hatte. Zwar konnte er wohl das verlorene Geld wieder hereinspekulieren, doch die Mitbrüder fanden seinen Weg nicht

Gründer St. Benedikt

richtig, auch wenn er nach ethischen Grundsätzen keine Aktien von Rüstungsfirmen oder Luxusunternehmen gekauft hatte, sondern in Ökologie-Unternehmen investierte. Mittlerweile ist Pater Anselm 77 Jahre alt; 55 Jahre ist er bereits Ordensmann in der Abtei.

Schon aus der Ferne sieht man die vier Türme der Abtei Münsterschwarzach, die erst 1938 eingeweiht wurde. Sie prägt mit einfacher und klarer Formensprache sowie einer Länge von 88, einer Breite und Höhe von jeweils 26 Metern sowie den vier markanten Türmen mit 52 Metern im Osten und 38 im Westen die umgebende Landschaft. Dass es vier Türme sein sollten, war ein expliziter Wunsch des Konvents. Über den Torbögen am Eingang sind die vier Evangelisten Matthäus, Markus, Lukas und Johannes angebracht. Auffällig sind im Inneren die zwölf Seitenaltäre, die Heiligen gewidmet sind, die in besonderer Verbindung zur Abtei stehen, wie St. Benedikt, dem Gründer, Johannes der Täufer, dem Vorbild der Mönche, oder St. Kilian, dem Patron der Franken.

Klostereingang

Der Vorgängerbau war bereits ähnlich groß, hatte aber nur eine kurze Lebensdauer: Für die Errichtung der neuen Basilika an der Stelle der damals baufällig gewordenen romanischen Kirche konnte man neben bedeutenden Malern und Stuckateuren jener Zeit auch Balthasar Neumann gewinnen. Er schuf einen Sakralraum von gewaltiger Größe und Herrlichkeit, der 1743 eingeweiht wurde. Säkularisation, Brand und Blitzschlag sorgten jedoch bald für das Ende. Ab 1810 wurde die Abtei nur noch als Steinbruch benutzt.

Seit der Gebietsreform von 1973 gehört die Gemeinde Münsterschwarzach zu Schwarzach am Main. Rund drei Kilometer nordwestlich lohnt sich ein weinseliger Ausflug in das kleine Weindorf Sommerach, wo es regelmäßig Wein- und Hoffeste gibt sowie im Sommer den Sommeracher Weinbummel mit Frizzante-Begrüßung und vier Weinen zum Verkosten unterwegs.

Info

Lage: Schwarzach-Münsterschwarzach liegt im Landkreis Kitzingen, ca. zwölf Kilometer nordöstlich der Kreisstadt.

Auskunft: Schweinfurter Straße 40, 97359 Schwarzach-Münsterschwarzach, Tel. 09324 20240, *kloster-auf-zeit.info, abtei-muensterschwarzach.de*

Aktivitäten:

- Sommerach-Ausflug, *winzer-sommerach.de*
- Der Bocksbeutel-Express, Bus 109, fährt zu weiteren Weinorten wie Iphofen oder Ippesheim.

Unterkünfte:

- Gästehaus Abtei: einfache Zimmer mit Vollpension im Kloster; Schweinfurter Straße 40, 97359 Schwarzach-Münsterschwarzach, Tel. 09324 20203, *gaestehaus.abtei-muensterschwarzach.de*
- Zum Benediktiner: schicke 3-Sterne-Zimmer vis-à-vis der Abtei, Wirtshaus seit 1853; Weideweg 7, 97359 Schwarzach-Münsterschwarzach, Tel. 09324 9120, *zumbenediktiner.de*

48 Iphofen

BOCKSBEUTEL IM XXL-FORMAT

Franken ist bekannt für seine Weißweine, besonders für Silvaner und Rieslinge, die am Maindreieck und im Hinterland gedeihen, wie in Iphofen, einem fränkischen Bilderbuch-Weinort mit gefühlt mehr Kellereien als Häusern. Inzwischen hat man sogar internationale Anerkennung. Und bei einem Spaziergang um den Stadtsee trifft man auf Kunstwerke in Flaschenform (Foto).

Bilderbuch-Weinort Iphofen

Die Runde war international, der Ort weit weg auf dem fünften Kontinent. Und der australische Gastgeber schlug einen Riesling vor. Kaum war das Wort Riesling ausgesprochen, fielen alle Blicke auf den Deutschen in der Runde. Mitleidige Blicke, die sagen wollten: „Du Armer, mehr als einen Riesling aus Franken haben deutsche Weinkeller ja eh nicht zu bieten ...“ In solchen Momenten fühlt man sich wie ein Regionalligaspieler, der auf Champions-League-Größen trifft. Das ist nun einige Jahre her.

Seitdem ist die nationale, aber auch die internationale Anerkennung, die Frankens Winzern und ihren Weinen entgegengebracht wird, spürbar gestiegen. Das Qualitätsstreben in den Weinbergen und Kellern zeigt Erfolge: Die tausendjährige Weinbautradition trifft nun auf große Gewächse im klassischen Bocksbeutel von besten Lagen. Dazu gehören Würzburger Stein, Escherndorfer Lump in Volkach, Ewig Leben in Randersacker und der Julius-Echter-Berg in Iphofen. Alle sind bundesweit ein Begriff. Und so mancher Tropfen ist inzwischen sogar in der Weltspitze angelangt. Ein Riesling vom Julius-Echter-Berg brachte es bis zu Queen Elizabeth II. nach London oder an den Hof von König Willem-Alexander der Niederlande.

Frankens Steilhänge und der Silvaner gehören zusammen wie der Riesling und der Bocksbeutel, jener unverwechselbaren, rund 300 Jahre alten Flaschenform. Aber in den unterfränkischen Weindörfern trifft man mittlerweile auch auf ähnlich niveauvolle, wenngleich nicht ganz so filigrane Müller-Thurgau, Bacchus, Kerner, Scheurebe oder Weißburgunder. Wobei angemerkt sein muss: Die Reben gab es schon immer, nur nicht das hohe Niveau. Die Leute von heute wollen auch mehr als den reinen Wein. Sie wollen etwas über das Terroir wissen und den Winzer, der hinter dem Wein steht, kennenlernen. In Iphofen gibt es 20 Winzerfamilien mit ihren Weingütern. Hans Wirsching ist vielleicht mit seinem seit 1630 bestehenden Weingut der bekannteste, aber gut sind sie alle, von Johann Arnold bis zum Bio-Weingut Zehntkeller.

Beim Winzerfest

Der historische Ortskern des 5000 Einwohner zählenden Iphofen hat verwinkelte Gassen und stolze Bürgerhäuser aus vergangenen Jahrhunderten sowie eine komplett erhaltene Stadtmauer mit Türmen und Toren – darunter das Rödelseer Tor, dem Wahrzeichen des Weinorts. Frau Eiche und Herr Rebstock aus dem sprechenden Stadtmodell berichten, wer in Iphofen geherrscht, die Bürger beschützt und ernährt hat: eine Reise durch gut tausend Jahre in nur zwölf Minuten und neun amüsanten Episoden, zu finden in der Geschichtsscheune direkt hinter dem Rathaus. Am Geschichtsweinberg, der in liebevoller Handarbeit gepflegt wird, entdeckt man dagegen die Historie des fränkischen Weinanbaus vom späten Mittelalter bis heute. Drei Weinbergterrassen zeigen, wie die Weinbergflächen im Mittelalter, um 1800 und 1960 ausgesehen haben.

Am Geschichtsweinberg

Das Rödelseer Tor aus dem 13. Jahrhundert ist das bekannteste und älteste der drei noch erhaltenen Stadttore. Der spitz zulaufende Hohlziegelturm mit Fachwerk und Torhaus sind das Fotomotiv schlechthin. Das Schlupflöchlein wurde nur geöffnet, wenn einer nach Torschluss um Einlass bat. Am Mainbernheimer Tor befindet sich noch das Häuschen für den Torwächter und am Einersheimer Tor erkennt man an der Außenseite eine Pechnase. Aus ihr wurde siedendes Pech oder heißes Wasser auf den angreifenden Feind gegossen.

Aber auch Iphofens mächtige fünf Türme sind das eine oder andere Foto Wert: Der Mittagsturm ragt hoch und wuchtig neben der Stadtpfarrkirche St. Veit auf. Einst diente er als Verwahrungsort für Malefizpersonen, also für jene, die mit der Gerichtsbarkeit in Konflikt geraten waren. Der Bürgerturm mit seiner welschen Haube stürzte 1596 ein, wurde aber schon vier Jahre später wieder aufgebaut, hatte er doch als Eckturm im Verteidigungsring eine besondere Bedeutung. Kurios ist die im obers-

Das Mainbernheimer Tor

Das Rödelseer Tor

ten Stock in eine Nische eingebaute mittelalterliche Abortanlage mit einem Sitz aus Sandstein: Die ins Freie führende Rutsche ist von außen gut zu sehen. Der schlanke Eulenturm diente als Wachturm: Von dort konnte der Türmer Stadt und Land überblicken. Im dumpfen Turmverlies schmachteten die Schwerverbrecher. Und im Henkersturm wohnte der Scharfrichter. Der Beruf wurde meistens vom Vater auf den Sohn oder Schwiegersohn vererbt, denn Henkers-Familien blieben des anrüchigen Gewerbes wegen immer unter sich ... Den Hackerturm schließlich erkennt man kaum noch als Turm. Er wurde zu einem Wohnhaus umgestaltet, heißt aber immer noch so.

Wer um den Stadtsee in Iphofen spaziert, entdeckt zehn übergroße Bocksbeutel mit künstlerischen Motiven zum Wein und interessanten Blickwinkeln auf die Iphöfer Weinberge und die Stadtpfarrkirche St. Veit. Die Künstler – zehn Kommunikationsdesign-Studenten – haben verschiedene Wein-Themen gewählt. Herausgekommen ist eine farbenfrohe, lebendige und von unterschiedlichen Stilmitteln gekennzeichnete Installation, die ursprünglich auf der Landesgartenschau 2018 in Würzburg (siehe Tipp 1) stand und danach von der Stadt Iphofen ersteigert wurde.

Es wird Zeit für einen Schoppen: So nennt man in Franken das Weinglas mit 0,25 Liter Inhalt und dem markanten grünen Stiel. Nur schade, dass die Franken ihre tollen Weine nicht mehr verkorken. Das unnachahmliche Plopp beim Öffnen der Flasche mit einem Korkenzieher gehört zu einem Ritual, das man mit rein praktischen Gründen nicht einfach vom Tisch wischen sollte. Ohne Plopp geht einfach so viel Vorfreude verloren ...

Info

Lage: Iphofen liegt im Landkreis Kitzingen, etwa zehn Kilometer südöstlich der Kreisstadt.

Auskunft: Kirchplatz 1, 97346 Iphofen, Tel. 09323 870306, *iphofen.de*

Aktivitäten: Rebsorten-Lehrpfad in die Iphöfer Weinberge

Events:

- Winzerfest am zweiten Wochenende im Juli
- Letzte Fuhre, Fest zum Ende der Weinlese, am zweiten Samstag im Oktober

Museum: sehenswerte Reliefkunst, *knauf-museum.de*

Einkaufen: Weine ab Hof bei *wirsching.de, weingut-arnold.de, zehntkeller.de/weingut* u. v. m.

Restaurants:

- Deutscher Hof: die Nummer eins am Platz im Fachwerkhaus, rustikal-elegante Atmosphäre, gehobene regionale Küche; Ludwigstraße 10, 97346 Iphofen, Tel. 09323 3348, *deutscher-hof-iphofen.de*
- Achtele: maximal zwölf Gäste, fünf fränkische Gänge und fünf Achtele Wein als Genusspaket ...; Mainbernheimer Straße 10, 97346 Iphofen, Tel. 0176 10533220, *die-kleine-weinwirtschaft-iphofen.com*

Unterkünfte:

- Zehntkeller: Romantik-Hotel, elegante Zimmer mit Antiquitäten, gutes Restaurant; Bahnhofstraße 12, 97346 Iphofen, Tel. 09323 8440, *zehntkeller.de*
- Altstadthotel Bausewein: zehn geräumige Zimmer mit Kirschholzmöbeln, eigenes Bio-Weingut; Breite Gasse 1, 97346 Iphofen, Tel. 09323 5210, *biobausewein.de/hotel*

49 Marktbreit

AM MALERWINKEL

Das schöne Schloss und eine Reihe schiefer Fachwerkhäuser sind kennzeichnend für das mittelalterliche Marktbreit, der Stadt, in der Alois Alzheimer geboren wurde, der die nach ihm benannte Krankheit entdeckte. Doch was macht eigentlich eine Pyramide mitten in Unterfranken?

Die er Pyramide steht an der Bundesstraße 13 und auf ihr ist aus dem Lateinischen ins Deutsche übersetzt zu lesen: „Denkmal zur Erinnerung an die Herstellung dieser Staatsstraße, die von dem allergnädigsten Fürsten und Herren Christian Karl Alexander, Markgrafen zu Brandenburg, nicht aus Steuern der Untertanen, sondern aus eigenen Mitteln erbaut wurde in den Jahren 1766 bis 1773." Nach einem schweren Unfall, als ein Lastwagen auf die Pyramide prallte, versetzte man sie von der Mitte der Straße neben die B13. Streng genommen ist sie ein Obelisk, doch alle in Marktbreit sagen Pyramide ...

Obelisk oder Pyramide?

So kurios eine Pyramide – oder ein Obelisk – in unseren Gefilden wirken mag, dem Malerwinkel (Foto links) läuft sie nicht den Rang ab. Der Malerwinkel ist Marktbreits Visitenkarte: Die Geschichte des Hauses am Maintor auf der Mauer über dem Breitbach lässt sich bis Anfang des 18. Jahrhunderts zurückverfolgen, als es ein Gewürzladen war. Seit 1991 ist darin ein Museum untergebracht: mit den sozial- und kulturhistorischen Dauerausstellungen zu den Themen Frauen-Zimmer und Römerkabinett. Nach rund 200 Metern bachaufwärts stößt man auf den Weißen Turm mit seiner markanten Kuppelhaube. Er stammt aus dem 16. Jahrhundert und war Teil der Befestigungsmauer, später Gefängnis und bis nach dem Zweiten Weltkrieg noch bewohnt.

Weißer Turm

Pompöser freilich ist das Seinsheimsche Schloss, ein Repräsentationsbau im Stil der Renaissance von 1580, das heute über Café und Weinstube sowie Stadtbücherei öffentlich zugänglich ist. Das gilt natürlich auch für

Seinsheimsches Schloss und ...

das schöne „Hotel Löwen", das schon im 15. Jahrhundert die „Fürstlich Schwarzenbergische Herberge" war. Der unglaubliche Zierfachwerkbau aus dem 18. wurde zu Beginn des 20. Jahrhunderts freigelegt. Zu den Besuchern im zweitältesten Gasthaus Bayerns zählte auch König Ludwig I. von Bayern. Das älteste Gasthaus steht ebenfalls in Unterfranken: „Zum Riesen" in Miltenberg (siehe Tipp 21).

... Mainkranen

Auch die bekanntesten Handelshäuser am Marktplatz stammen aus dem 18. Jahrhundert, während das Rathaus bereits 1581 entstand. Mit dem Wahrzeichen des Marktortes, der Statue des Ritters St. Georg, der den Lindwurm mit seiner Lanze tötet. Die Georgsstatue am Giebel war das Symbol des Zollrechts für die Mainschifffahrt und für die Schiffer auf dem Fluss schon von Weitem sichtbar.

Vom Reichtum bringenden Handel am Main zeugt auch der alte

16 Meter hohe Mainkranen, der 1784 entstand, nachdem der Vorgängerbau im gleichen Jahr vom verheerendsten Hochwasser der letzten Jahrhunderte weggerissen wurde. Im Inneren des Rundturms mit einem Durchmesser von knapp zehn Metern befindet sich das gut erhaltene Doppelräder-Triebwerk aus Eichenholz. Der Turm war bis ins Jahr 1900 in Betrieb. Ein Jahr später entdeckte Alois Alzheimer die Alzheimersche Krankheit. Geboren 1864 in Marktbreit, wurde ihm zu Ehren sein Geburtshaus als Dr. Alois Alzheimer Gedenkstätte eingerichtet. Zu sehen sind die ursprünglichen Räumlichkeiten, aber auch ärztliche Aktennotizen sowie Fotos und im Geburtszimmer befindet sich unter anderem auch das Mikroskop von Alzheimer.

Info

Lage: Marktbreit liegt im Landkreis Kitzingen, rund zehn Kilometer südlich der Kreisstadt.

Auskunft: Mainstraße 6, 97340 Marktbreit, Tel. 09332 591595, *marktbreit.de*

Aktivitäten: Schifffahrt mit der Altstadtfähre Nixe, *die-nixe.de*

Museum: *malerwinkelhaus.de, alzheimer-haus.de*

Restaurants:

- Zur goldenen Traube: von Currywurst bis Rinderroulade; Mainstraße 16, 97340 Marktbreit, Tel. 09332 4135, *traube-marktbreit.de*
- Weinstube im Schloss: Im historischen Ambiente des Schlosskellers tafeln Mägde ein üppiges Rittermahl auf, inklusive einer ganzen Spansau; Schlossplatz 3, 97340 Marktbreit, Tel. 09332 4100, *marktbreit-schloss.de*

Unterkunft:

- Hotel Löwen: helle, freundliche Zimmer mit viel Holz im vielleicht schönsten Gebäude der Stadt, 3-Sterne-Haus, gutes Restaurant; Marktstraße 8, 97340 Marktbreit, Tel. 09332 50540, *loewen-marktbreit.de*

50 Steigerwald

ZUM WALDBADEN

Bis zu 500 Meter hoch, weitgehend verschont vom Massentourismus, versehen mit wunderbaren Kleinoden: Der Naturpark Steigerwald, von dem ein Drittel in Unterfranken liegt, ist ein herrliches Rückzugsgebiet für Mensch und Tier. Alte Buchenwälder, Wiesentäler und in den Randlagen typische Weindörfer machen das Mittelgebirge zu einer der schönsten Regionen in Unterfranken.

Weiher im Steigerwald

Der Wald ist ja ein Alleskönner. Seine Gerüche können betörend sein, seine Ruhe so wohltuend und seine tausend Variationen von Grün sind schlicht faszinierend. Das wissen wir alle. Aber die Japaner haben mit diesen Kräften und Stärken des Waldes ihr Shinrin Yoku kreiiert, zu deutsch das Waldbaden. Damit kann die Herzfrequenz und der Stresshormonpegel gesenkt, das innere Gleichgewicht stabilisiert und das Immunsystem gestärkt werden. In Japan wird Shinrin Yoku deshalb von Ärzten verschrieben und die Kosten werden von Krankenkassen übernommen. Aber auch in Deutschland wird Waldbaden mehr und mehr als präventive und therapeutische Maßnahme wahrgenommen. Dabei geht es nicht um sportliches Gehen, Wandern oder Joggen, sondern um die Sinne: das Wahrnehmen des Spiels von Licht und Schatten, das Fühlen des Waldbodens oder das Ertasten eines Baumstamms, der unwiderstehliche Geruch von Moos und Waldkräutern und das Lauschen der Geräusche im Wald mit geschlossenen Augen. Man sagt auch, nach dem Waldbaden habe man den erholsamsten Schlaf ... Im Steigerwald kann man Shinrin Yoku ausprobieren!

Laubwald, besonders Buchenwälder, die zu 70 Prozent den Bestand ausmachen, kennzeichnet den bis zu 500 Meter hohen Steigerwald, der sich zwischen Würzburg (siehe Tipp 1) und Bamberg und somit zwischen Unter- und Oberfranken in der West-Ost-Achse ausbreitet sowie im Süden bis Bad Windsheim reicht. Zu Mittelfranken gehört schließlich fast die Hälfte des Naturparks, wie auch die höchste Erhebung: der Scheinberg mit 499 Metern. Die markantesten Steigerwald-Kuppen auf unterfränkischem Gebiet sind der Ebersberg, Friedrichsberg, der Große Knetzberg, Casteller Schlossberg, der Schwanberg, Stollberg und der Zabelstein, alle zwischen 400 und 500 Meter hoch.

Der Steigerwald, inzwischen als Nationalpark vorgeschlagen, bietet neben uralten Waldgebieten aber auch ruhige Wiesentäler und in den westlichen Randlagen sonnige Weinberge mit namhaften Weindörfern wie Rödelsee und Castell. Wildschweine, Rehe, Hasen und eine artenreiche Vogelwelt bevorzugen die Buchenwälder als Lebensraum. Besonders Spechte zimmern in die uralten Baumriesen lautstark ihre Höhlen.

Der Drei-Franken-Stein

Am Drei-Franken-Stein treffen die drei fränkischen Regierungsbezirke Ober-, Mittel- und Unterfranken auf einer Lichtung zusammen. Der Drei-Franken-Stein wird auch als das Herz Frankens bezeichnet und ist das Symbol für die Zusammengehörigkeit aller Franken, wobei der knapp drei Meter hohe und rund 2,5 Tonnen schwere Stein aus Muschelkalk auch an die Zwangseingliederung großer

Prichsenstadt mit ...

Teile Frankens ins Königreich Bayern im Jahr 1806 erinnert. Das Denkmal liegt unweit der A3 und gehört amtlich zum mittelfränkischen Burghaslach.

Entlang der Steigerwald-Höhenstraße kann man eine abwechslungsreiche Tour vom Main zur Aisch machen und so manchen historischen Ort besuchen. Die Strecke führt von Haßfurt (siehe Tipp 41) im Norden bis Bad Windsheim im Süden. Doch auch abseits dieser Route gibt es im unterfränkischen Teil reichlich Ortschaften mit alten Fachwerkhäusern und historischen Ortskernen. Das Westtor von Prichsenstadt, 1587 als Teil der äußeren Ummauerung erbaut, gehört dabei sicherlich zu den Höhepunkten. Enge Gassen,

... Westtor

Schloss Wiesentheid mit ...

... Kreuzigungsstatuen

alte Fachwerkhäuser, die Stadtmauer und Wehrtürme entführen ins Mittelalter. Wiesentheid, gleich in der Nachbarschaft gelegen, trumpft mit Schloss Schönborn auf, aber auch das historische Rathaus und 14 Stationen auf dem Barock-Rundgang lohnen den Ausflug, zumal auch Balthasar Neumanns Mauritiuskirche zu sehen ist. Sie gilt als eine der schönsten Barockkirchen in Deutschland.

Die Weinorte Iphofen (siehe Tipp 48), Rödelsee und Castell locken nicht nur auf ein Glas Silvaner oder Riesling, sondern auch mit Außergewöhnlichem. So sieht man schon von Weitem eine Röhre auf einem Stahlgerüst, ein zunächst etwas merkwürdiger, aber durchaus beeindruckender Bau: das Terroir f von Rödelsee. Diese Terroirs f sind Orte, die auf ganz besondere Weise die Vielschichtigkeit der jeweiligen Weinregion ausstrahlen, Orte mit besonderem Ausblick, Orte, die manchmal magisch sein können, etwa in Rödelsee: Wie ein riesiges Fernglas öffnet sich dem Besucher die fränkische Kulturlandschaft bis zum Horizont. Im Innern wird die Geschichte des Silvaners, der ganz in der Nähe, in Castell, vor mehr als 350 Jahren zum ersten Mal in Franken gepflanzt wurde, erzählt. Alle bedeutenden unterfränkischen Weinorte haben ein Terroir f – manchmal sehr gelungen wie in Rödelsee, manchmal eher weniger ...

Castell ist bekannt durch das namensgebende Adelsgeschlecht und dem Schloss Castell, wo im Vorhof sogar Orangen und Feigen wachsen sowie einer der ältesten Rebstöcke in Deutschland zu bestaunen ist: der ganze Stolz von Erbgraf Ferdinand.

Eine gute Idee ist schließlich der Dorfschätze-Express, ein Bus, der zwischen 1. Mai und 1. November verkehrt und auf einer Runde dreimal am Tag Castell und Rödelsee mit Iphofen, Wiesentheid, Prichsenstadt und anderen Steigerwald-Dörfern verbindet. Man kann zu- und aussteigen, wie man möchte.

Info

Lage: Der Steigerwald liegt zwischen den Städten Würzburg, Bamberg und Bad Windsheim.

Auskunft: Handthal 56, 97516 Oberschwarzach, Tel. 09382 319980, *steigerwald-zentrum.de*

Aktivitäten:

- Waldbaden, *steigerwald-naturpark.de*
- Steigerwald-Höhenstraße, *drei-franken-info.de*
- Dorfschätze-Express, *castell-gemeinde.de*
- Freizeit- und Erlebnispark Geiselwind, *freizeit-land.de*

Museum: Museumsscheune zur Weinbaugeschichte, *castell-gemeinde.de*

Restaurants:

- Prichs: gehobene moderne Küche; Freihofgasse 3, 97357 Prichsenstadt, Tel. 09383 9020340, *prichs.com*
- Landgasthof zur Brücke: Tafelspitz oder Steigerwald-Reh, schöne Terrasse und gemütliche Zimmer; Marienplatz 2, 97353 Wiesentheid, Tel. 09383 99949, *landgasthof-zur-bruecke.de*

Unterkunft:

- Hotel Stegner: schöne Zimmer in einem blumenberankten schmucken Haus; Mainbernheimer Straße 26, 97348 Rödelsee, Tel. 09323 87210, *hotel-stegner.de*

Das kleine Wörterbuch

Wenn Weltmeister, Weltfußballer und Franke Lothar Matthäus, bekannt als der Loddar, loslegt, bleibt fürs Hochdeutsche kaum mehr Platz. Und man kann bestens hören, was das Fränkische existenziell ausmacht: Franken brauchen nicht alle 26, sondern nur 24 Buchstaben unseres Alphabets. P und T werden grundsätzlich durch B und D ersetzt. Da geht der Baul also durch die Dür. Auch das K wird häufig weich als G ausgesprochen und so mancher Vokal weggeschluckt, zum Beispiel: der Paul aus Franken ist im Fränkischen der Baul aus Frrrangn. Denn auch am rollenden R erkennt man gerade einen Unterfranken am besten. Und wenn er versucht, hochdeutsch zu sprechen, kommt manchmal Verheerendes dabei raus: Da war dann tie Toris in Tortmund ...

A

Abbord – Toilette
Abodegn – Apotheke
Alaa – allein
Auswäddicher – Auswärtiger
A weng – ein wenig

B

Babberdeggl – Karton
Babbm – Mund
Badscherla – Hand
Bagg mers – los geht's
Basd scho – in Ordnung, ja
Blotz – Kuchen vom Blech
Brässierd ned – es eilt nicht
Broudwöaschd – Bratwurst
Bsuffn – betrunken
Bürschla – Junge

D

Damisch – schwindlig
Der fährt wie a gsengte Sau – er fährt sehr schnell
Des is mer woschd – das ist mir egal
Des lebberd si zam – das summiert sich
Doddn – Torte
Dreivierdl Fünfa – dreiviertel Fünf, 4:45 oder 16:45 Uhr
Dunnerkeil – Ausdruck des Erstaunens, Entsetzens; z. B. dunnerkeil, is des schwer

E

Eichene(r) – eigene(r)
Erbat – Arbeit

F

Fei – Betonung einer Aussage; z. B. des is fei schwer
Ferdl Sechsa – Viertel Sechs, 6:15 oder 18:15 Uhr
Fizzerla – kleines Stück Papier
Fraali – selbstverständlich, natürlich

G

Gaggerla – Ei
Gebabbel – Gerede, Gespräch
Ghubfd wie gschbrunga – das ist das Gleiche
Greina – weinen
Grischberla – dünner Mensch
Gschmarri – dummes Gerede

H

Hä – wie bitte
Halbe Achda – halb Acht, 7:30 oder 19:30 Uhr
Halt die Babbm – sei ruhig

M

Madla – Mädchen
Muggn – Stubenfliege
Muggngbadschn – Fliegenklatsche

N

Nauf und nunner – rauf und runter
Neigschmegder – Eingeheirateter
Neischbachdln – schnell essen

O

Obachd – pass auf

R

Redur – rückwärts
Rutschala – kleiner Kochtopf

S

Sabberlodd – nicht schlecht
Schdahard – steinhart
Schnougn – Stechmücke
Schobbn – Schoppen
Siggs des – siehst du
Sumbfhenna – dumme Frau

U

Ums orschleggn – das war knapp

V

Veregger – frecher Junge
Verrazzd – aufgeschmissen

W

Waadschn – Ohrfeige
Weggla – Brötchen

Register

Marktbreit am Malerwinkel

Bildnachweis:
Alle Bilder von Jochen Müssig, außer: A Hub TISW360 S. 72/73 | Adobe Stock Cover, S. 5 | AHADesign_Anke_Hartenstein S. 63, 64o | Andreas Hub S. 221u | Andreas Praefcke, CC BY 3.0 S. 62 | AR S. 260u | Arnulf Koch S. 86o | Atelier_zudem S. 255, 256, 259 | Atelier_zudem-Katharina_Gruppe S. 242/243 | Atelier_zudem-Nitschke S. 253, 254 | Bayer. Staatsbad Bad Kissingen S. 188, 189o, 189u, 192 | Bayerische_Schlösserverwaltung Anton_Brandl S. 31 | Bayerische_Schlösserverwaltung Konrad_Rainer S. 68o, 68u | Bayerische_Schlösserverwaltung S. 43u | Beate Glotzmann S. 85, 86u | Benreis CC BY-SA 3.0 S. 13 | Birgit Sinsel S. 108 | Bubo, CC BY-SA 3.0 S. 23 | Bürgerspital_Würzburg S. 47o, 48u | Bytfisch, CC BY-SA 3.0 S. 17u | Carlo_dernbach S. 163o | cc0 S. 274 | Chorforum, CC BY-SA 4.0 S. 105 | Churfranken Dominik Stapf S. 11, 116/117, 123, 124u | Congress-Tourismus-Würzburg A. Bestle S. 26/27, 30, 32, 39, 40, 41 | Congress-Tourismus-Würzburg Andreas_Bestle S. 37o | Florian_kogler S. 279o, 279u | FrankenTherme_BadKönigshofen S. 225, 226o | FWL-Holger Leue S. 260o | Gemeinde Wipfeld-Werner_Oechsner S. 89 | Gemeinde_Veitshöchheim Ronald_Grunert-Held S. 52/53, 67o, 67u, 69 | Georg Hess S. 146, 147 | Grunert Held S. 169 | Günther_Hübner S. 83 | Haßberge Tourismus im Naturpark Haßberge-Ralf Schanze S. 239-240 | Heinrich Stuerzl Wikimedia Commons S. 20 | Holger Leue S. 158/159, 170u, 171 | Jasna Blaic S. 168, 170o | Jonas Blank S. 37u | K_P_Janitz S. 71 | Karten – Mapcreator.io, OSM.org, ©DLR, ©Airbus Defense and Space, ©Copernicus: S. 24, 25, 29, 32, 75, 93, 119, 141, 187, 219 | KissSalis Therme Bad Kissingen S. 191 | kommunale_allianz_drei-frankeneck S. 278 | Kuebi Armin Kuebelbeck CC BY-SA 3.0 S. 129 | Kunstraum Churfranken S. 142u | kurhaus_hotel_bad_bocklet-samuel_becker S. 203u | Leno89 CC BY 3.0 S. 204u | Margit Kohl S. 213 | Marie_A Gräfin_Ingelheim Schlossverwaltung S. 114 | Marktgemeinde_wiesentheid-biberfilm S. 280o, 280u | Matthieu Riegler CC BY 30 S. 64u | Michael Koch S. 266-270 | Michael Sander, CC BY-SA 3.0 S. 17o | Myriam Thyes, CC BY-SA 4.0 S. 14 | Presse03 CC BY-SA 3.0 S. 227 | pxhere S. 21 | Rainer Lippert Derivative work Steffen Schmitz (Carschten), CC0, via Wikimedia Commons S. 15u | Ralf Mausolf Ralfs Fotocenter S. 220, 222 | Reinhold Moeller, CC BY-SA 4.0 S. 16u | Reinhold Möller, CC BY-SA 4.0 S. 223u | RhönGmbH Arnulf_Müller S. 209o | RhönGmbH S. 190, 205, 207, 209u, 210o, 212, 214o, 216/217 | RhönGmbH Wolfgang_Fallier S. 206, 208 | Robert Emmerich CC BY-SA 3.0 S. 12 | Röntgen-Kuratorium_Würzburg S. 51 | Rufus46 CC BY-SA 3.0 S. 16o , 44u | Sandra Feil S. 84 | Spessart Tourismus S. 113 | Staatsbad Bad Brückenau S. 200o | Staatsbad_und_touristik_bad_bocklet-daniel_etzer S. 202, 203o, 204o | Stadt Bad Brückenau-Kerstin Junker S. 199u | Stadt Bad Brückenau-Steffen Hildenbrand S. 199o | Stadt Bad Brückenau-Thomas Gerhard S. 200u, 201 | Stadt Kitzingen S. 246, 249 | Stadt_aschaffenburg mailin_seidel S. 90/91, 95, 101 | Stadt_aschaffenburg sophie_ament S. 96 | Stadt_aschaffenburg susanne_vielhauer S. 100 | Stadt_bad_mergentheim S. 156u | Stadt_karlstadt-jürgen_müller S. 162, 163u, 164-166o | Stadt_Kitzingen-Barbara_Wachter S. 247 | Stadt_Kitzingen-Linda_Ollmann S. 248 | Stadt_Kitzingen-Viktor_ Meshko S. 250 | Stadt_Marktheidenfeld S. 181 | Stadt_Marktheidenfeld_Benedict_Rottmann S. 180, 182, 183 | Stadt_Rothenfels-Herbert_Reder S. 176-179 | Stadt_würzburg S. 34 | Steffen Schneider Bilderschmiede S. 221o | Steffen_müller-klenk S. 156o | Sternenpark_Rhön Anna-Lena_Bieneck S. 214u | Stiftung_Juliusspital_Würzburg S. 48o | SW360 F Trykowski S. 76-80 | Tauberbischofsheim_Holger_Leue S. 154, 155 | Tilman2007, CC BY-SA 4.0 S. 18, 87, 226u | Tobias Hertle S. 210u, 211 | Tors Wikimedia Commons, CC BY-SA 3.0 S. 44o | Tourist_Information_Hammelburg Florian_Trykowski S. 9, 197 | Tourist_Information_Hammelburg Julian_Leurer S. 195o | Tourist_Information_Hammelburg KGS S. 184/185 | Tourist_Information_Hammelburg Klaus_Gimann-Schmitt S. 195u | Tourist_Information_Hammelburg S. 196 | VDP S. 47u | Warburg, CC BY-SA 3.0 S. 19o | Weihnachtserlebnisse_Himmelstadt S. 166u